FICHA CATALOGRÁFICA
(Preparada na Editora)

Carrara, Orson Peter, 1960-
C31r   *Reencarnação/* Orson Peter Carrara. Araras, SP, IDE, 1ª edição, 2019.
208 p.
ISBN 978-85-7341-740-1
1. Espiritismo. 2. Psicografia. I. Título.

CDD -133.9
-133.91
-133.901 3

Índices para catálogo sistemático
1. Espiritismo 133.9
2. Psicografia: Espiritismo 133.91
3. Vida depois da morte: Espiritismo 133.901 3

*O que é? Como ocorre?
Para que serve?
Seria resgate, sofrimento
ou oportunidade?*

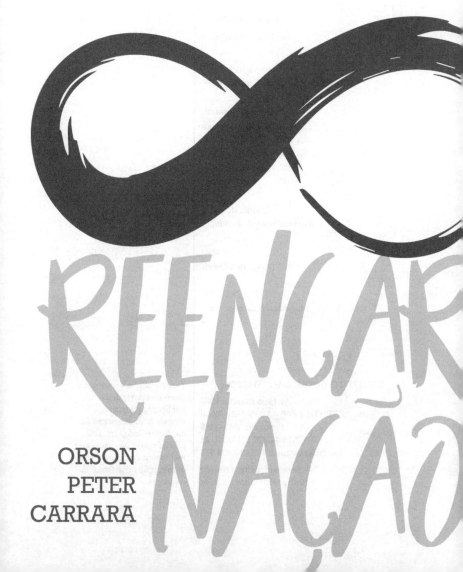

REENCARNAÇÃO

**ORSON
PETER
CARRARA**

ISBN 978-85-7341-740-1

1ª edição - maio/2019

Copyright © 2019,
Instituto de Difusão Espírita - IDE

Conselho Editorial:
Doralice Scanavini Volk
Wilson Frungilo Júnior

Produtor cultural:
Jairo Lorenzeti

Revisão de texto:
Mariana Frungilo Paraluppi

Capa:
César França de Oliveira

Diagramação:
Maria Isabel Estéfano Rissi

INSTITUTO DE DIFUSÃO ESPÍRITA - IDE
Av. Otto Barreto, 1067
CEP 13602-060 - Araras/SP - Brasil
Fone (19) 3543-2400
CNPJ 44.220.101/0001-43
Inscrição Estadual 182.010.405.118
www.ideeditora.com.br
editorial@ideeditora.com.br

Todos os direitos reservados. Nenhuma parte desta publicação pode ser reproduzida, armazenada ou transmitida, total ou parcialmente, por quaisquer métodos ou processos, sem autorização do detentor do copyright.

O que é? Como ocorre?
Para que serve?
Seria resgate, sofrimento
ou oportunidade?

REENCARNAÇÃO

ORSON PETER CARRARA

(...) não se diga que todos os infortúnios da marcha de hoje estejam debitados a compromissos de ontem, porque, com a prudência e a imprudência, a preguiça e o trabalho, com o bem e o mal, melhoramos ou agravamos a nossa situação, reconhecendo-se que todo dia, no exercício de nossa vontade, formamos novas causas, refazendo o destino.

(*Evolução em Dois Mundos*,
Francisco C. Xavier/André Luiz, FEB.)

Haverá dor sempre que a criatura não assumir a própria vida em bases de responsabilidade. Nosso primeiro dever é conosco, com o nosso próprio equilíbrio. Muitos são os que acreditam que devem somente trabalhar pelo próximo. É louvável e necessário, porém, primeiramente, é necessário nos assegurar de que não estamos sobrando para ninguém. A Doutrina Espírita é uma doutrina para adultos, pois conclama à responsabilidade sem distrações.

Trecho da página 234 do livro *Sob as areias do tempo*, de Grace Khawali, pelo Espírito Carl, edição conjunta USE/Madras, em obra que conquistou o primeiro lugar no concurso literário José Herculano Pires.

SUMÁRIO

Difícil de aceitar? 15
Prefácio 19
1 - Mãe, nós mudamos de casa, não é mesmo? 23
2 - Reencarnação 25
3 - Trauma anterior 28
4 - Preço da Evolução 31
5 - Princípio incompreendido 34
6 - Justifica-se a perplexidade 37
7 - Curioso diálogo 41
8 - Diferenças 45
9 - Dráusio e Maria Aparecida 53
10 - Vença suas dificuldades, supere seus desafios 57
11 - Sobre os desafios do mal 61

12 - Também na Revista Espírita..................................64
13 - Perder ou ganhar?..70
14 - Ação e Reação 74
15 - É dessa ou de outra? 80
16 - Deficiência visual..83
17 - Lenta e penosa construção....................................86
18 - Melhorar para sofrer menos................................90
19 - Esqueça essa ideia...93
20 - Folha amassada 95
21 - Plantamos? Colheremos..97
22 - Pluralidade das existências................................ 100
23 - Embasamento doutrinário 105
24 - E as afinidades?.. 111
25 - Genialidade, precocidade 114
26 - E as perversidades?... 117
27 - Ensino claro... 122
28 - O caso trazido por André Luiz 127

29 - O clássico Gabriel Delanne 133

30 - Chico, Yvonne, Divaldo e outros 136

31 - Cinco alternativas 140

32 - Modelo organizador 146

33 - Esquecimento do passado 150

34 - Referências científicas sobre a reencarnação .. 153

35 - Ainda o esquecimento do passado 157

36 - Mãe reencontra filhos da existência passada .. 159

37 - Haverá um determinismo? 162

38 - Um capítulo especial 164

Projeto Reencarnatório

    Dinâmica de visualização 171

DIFÍCIL DE ACEITAR?

A PLURALIDADE DAS EXISTÊNCIAS, OU REENCARNAção, ou ainda o retorno da alma em novo corpo físico em diferentes experiências, causa verdadeira tortura para quem não conhece os princípios básicos do Espiritismo. Embora a lógica o indique e o bom senso recomende a ideia como a mais aceitável para explicar as gritantes diferenças humanas, há uma mentalidade enraizada de recusa da possibilidade de retorno ao planeta em novo corpo.

Como citado no parágrafo anterior, a pluralidade das existências ou sua multiplicidade é princípio básico da Doutrina dos Espíritos, codificada por Allan Kardec a partir de 1857, com a publicação de *O Livro dos Espíritos*.

Trata-se da reencarnação, ou seja, a ocupação de diferentes corpos carnais sequenciais, em épocas e lugares distintos, pelo mesmo ser espiritual, para experiências de aprendizado e evolução, caracterizando-se por mera questão de justiça. É um processo gradativo que visa proporcionar aquisição de valores morais e intelectuais, com benefícios diretos nos campos psicológico e emocional.

A presente obra não pretende convencer o leitor dessa realidade. O objetivo é proporcionar oportunidade de reflexão em torno do tema. Importante que esse detalhe esteja em destaque durante toda a obra, especialmente pelo fato de que a ideia reencarnacionista não é invenção do Espiritismo, mas sim fruto da Sabedoria Divina, que a estabeleceu como Lei Universal, tendo sido – a ideia – debatida e divulgada pelas mais diferentes culturas do planeta, em todos os tempos, e também sido alvo de sérias pesquisas da ciência.

Esta obra integra, na sequência, a série iniciada com o livro **Espíritos – Quem são? Onde Estão? O que fazem? Por que nos Procuram?**, que prosseguiu com **Médiuns – Quem são? Onde estão? Como agem? Por que possuem a faculdade mediúnica?** Ambos tiveram boa aceitação, motivando-nos sua continuidade.

A sequência dos capítulos, didaticamente distribuídos, levará a reflexões para discussão e estudo do tema. O tema, obviamente, não se esgota. Ele inclui desdobramentos que vão desde o esquecimento ou lembrança do passado, pesquisas científicas por renomados cientistas, crianças-prodígio, lei de causa e efeito, planejamento reencarnatório, entre outros. Não temos pretensão de esgotar o assunto, pois que seria impossível. Ao final da leitura sequencial dos capítulos, o leitor terá sua conclusão própria e o desejo de continuar pesquisando...

O fato é, porém, que estamos sempre aprendendo. Penso que concordamos nesse aspecto. E a finalidade da reencarnação não é outra senão oferecer oportunidades de crescimento e aprendizado. Do contrário, como explicar as diferenças nos estágios humanos em que nos localizamos? Até mesmo dentro de nossa própria família. Ou já vivemos antes, acumulando diferentes experiências, ou Deus é extremamente parcial, o que não combina com seus atributos de Bondade, Sabedoria e Justiça.

O AUTOR

PREFÁCIO

Por indicação de um amigo, fiz meu primeiro contato com o Orson para ver a possibilidade da inclusão do Centro Espírita no qual frequento no circuito de palestras que ele normalmente organiza. E fiquei muito contente pela receptividade, atenção dada, organização das escalas e pelas excelentes palestras a que assistimos dos oradores que participam deste projeto.

A partir desse dia, comecei a me interessar mais pelos artigos que ele publica em seu *site* e nos jornais espíritas que tive a possibilidade de ler. E, lendo estes artigos, verifiquei o trabalho sério, voltado sempre para a razão e a divulgação da Doutrina Espírita.

Até o dia em que ele veio palestrar no Centro Espírita Fraternidade, em Botucatu-SP, onde estou integrado e onde tive a oportunidade de conhecê-lo pessoalmente e comprovar a pessoa humilde, extrovertida e carismática;

após algumas horas de conversação, tive a oportunidade de conhecer melhor o seu trabalho fantástico de divulgação da Doutrina Espírita. E, apesar de só ter conversado com ele algumas horas, tive a sensação de já conhecê-lo há muito tempo.

Também tive a oportunidade de ler os seguintes livros de sua autoria: *Espíritos – Quem são? O que fazem? Onde estão? Por que nos procuram?* e *Médiuns – Quem são? Onde estão? Como agem? Por que possuem a faculdade mediúnica?*. Foram leituras rápidas, porque os livros são de uma linguagem simples e de fácil entendimento, tanto para os leitores que não têm conhecimento algum, como para os que já têm algum conhecimento do Espiritismo.

E foi com grande prazer e alegria que recebi o convite de meu amigo Orson para escrever estas linhas após ter tido a honra de ler em primeira mão esta obra belíssima antes de sua publicação.

Não sei se é coincidência ou não, mas, há alguns anos, quando ainda tinha como religião a católica, tive um caso na família de alguém que se lembrava perfeitamente de sua vida passada e nós não entendíamos direito o que estava acontecendo.

Foi quando um amigo me emprestou um livro do Dr Ian Stevenson, no qual ele relata quatorze casos de crianças que se lembravam de suas vidas passadas, contando com detalhes sua vida anterior e marcas que trouxeram no corpo devido à desencarnação.

Este assunto me interessou muito e fui procurar mais informações no Centro Espírita no qual estou até hoje. E através de livros de outros autores, busquei mais informação sobre o tema "reencarnação" e me interessei pelo Espiritismo. Procurei suas obras básicas e outros livros sobre vários assuntos para conhecer devidamente a Doutrina Espírita.

Por isso, caro leitor, este livro é de grande importância, tenho dito, pois o assunto "reencarnação" é de interesse de todos aqueles que buscam respostas para sua existência, sendo temática de extensos debates, inclusive no meio científico.

Todos os leitores, e principalmente aqueles que estão iniciando nessa doutrina maravilhosa que clareia nossas mentes perante as verdades da vida imortal, serão presenteados com esta obra na qual nosso amigo Orson conseguiu, de uma maneira clara e objetiva, fazer entender várias situações que estão entrelaçadas por esse processo tão necessário ao nosso progresso.

Para concluir, mais uma vez quero agradecer ao autor pela oportunidade que está me dando de mostrar a grande admiração e o respeito que nutro pelo amigo, cumprimentando-o pelo trabalho que realiza em prol da divulgação espírita, e amplio meus cumprimentos aos leitores desta oportuna obra doutrinária.

Abraços fraternos. E que Deus abençoe a você, leitor amigo.

MARCO DUARTE

Capítulo 1

MÃE, NÓS MUDAMOS DE CASA, NÃO É MESMO?

O CASAL MUDOU-SE DA CAPITAL PARA O INTERIOR. Com um único filho, de pouco mais de um ano, o trajeto para casa forçosamente os levava a passar por um viaduto. Nas várias vezes que voltavam ou saíam de casa, de manhã, no horário de almoço, no retorno à tarde, o garoto sempre indagava: "Mãe, nós mudamos de casa, não é mesmo?"

A mãe, pacientemente, respondia várias vezes no dia: "Sim, meu filho, nós mudamos de São Paulo para B..."

A ocorrência da pergunta intrigava os pais. Um belo dia, a mãe resolveu perguntar também: "Por que, meu filho, você sempre pergunta isso quando passamos por esse local?" E a resposta do garoto, indicando uma pequena casa, foi: "Porque eu já morei ali".

Depois dessa resposta, o garoto começou a descrever particularidades da casa de madeira que indicara. Detalhes que mais intrigaram os pais.

Resolveram investigar. Visitaram a casa e confirmaram os detalhes descritos pelo garoto, que, inclusive, forneceu nomes e outros dados impressionantes que somente um conhecimento anterior poderia explicar.

A mãe engravidou novamente e o pequeno informou tratar-se da própria esposa de existência anterior, fornecendo o nome antes que os pais soubessem o sexo do bebê. Com o nascimento da irmãzinha, o nome que o garoto forneceu foi o mesmo dado à criança.

Esses fatos aproximaram o casal do conhecimento Espírita.

Fatos como esses ocorrem mais do que se imagina. Lembranças espontâneas na infância, indicando vivência anterior. Fatos que levaram muitos cientistas a pesquisarem o assunto com seriedade e respeito. E há milhares deles catalogados, cada um com seus detalhes próprios, dados específicos e circunstâncias próprias, não somente envolvendo crianças. Regressões, experiências de quase morte, lembranças espontâneas também em adultos, revelações inesperadas, traumas e tendências, esquecimento e habilidades, prodígios que desafiam a ciência e todo o acervo da teoria reencarnacionista – não exclusiva da Doutrina Espírita – formam um conjunto de conhecimentos que merecem a atenção de quem deseja desvendar o complexo da vida humana em suas diferenças, desafios, passado e futuro, e consequentes desdobramentos. É o que pretendemos estudar nesta obra.

Acompanhe conosco a sequência dos capítulos.

Capítulo 2

REENCARNAÇÃO

Dentre os princípios do Espiritismo, a reencarnação talvez seja o tema mais empolgante. Rejeitada por aqueles que não se deram ao trabalho de entender o assunto e constantemente pesquisada por aqueles que lhe alcançam os fundamentos, a realidade da multiplicidade das existências corpóreas é a única que explica as gritantes diferenças humanas.

Existem obras notáveis abordando a questão, antes e depois da Codificação Espírita. Como nosso objetivo é destacar a obra fundamental do Espiritismo, *O Livro dos Espíritos*, utilizaremos, neste capítulo, uma única questão da referida obra, dentre as várias que tratam das vidas sucessivas.

A questão é a de número 222 e está entre aquelas que não constituem uma pergunta aos Espíritos, mas considerações do próprio Codificador. São 11 páginas da lavra de Allan Kardec, naturalmente inspiradas pelos Espíritos Codificadores, mas também contendo os argumentos sólidos de sua inteligência e perspicaz senso de observação e análise.

No desenvolver do raciocínio, no texto, Allan Kardec apresenta as seguintes questões:

1 - Por que a alma mostra aptidões tão diversas e independentes das ideias adquiridas pela educação?; 2 - De onde vem a aptidão extranormal, de certas crianças de tenra idade por tal arte ou tal ciência, enquanto outras se conservam inferiores ou medíocres, por toda a vida?; 3 - De onde provêm, para alguns, as ideias inatas ou intuitivas que não existem em outros?; 4 - De onde vêm, para certas crianças, os instintos precoces de vícios ou de virtudes, os sentimentos inatos de dignidade ou de baixeza, que contrastam com o meio em que nasceram?; 5 - Por que certos homens, abstração feita da educação, são uns mais avançados que outros?; 6 - Por que há selvagens e homens civilizados? (...).

E ainda acrescenta:

1 - Se nossa existência atual, unicamente, deve decidir o nosso destino, qual é, na vida futura, a posição respectiva do selvagem e do homem civilizado? Estão eles no mesmo nível ou distanciados em relação à felicidade eterna?; 2 - O homem que trabalhou toda a sua vida no seu aprimoramento está na mesma posição daquele que permaneceu inferior, não por sua culpa, mas porque não teve tempo, nem possibilidade de se aperfeiçoar?; 3 - O homem que praticou o mal porque não pôde se esclarecer, será culpado de um estado de coisas que não dependeu dele?; 4 - Trabalha-se para esclarecer, moralizar e civilizar os homens. Mas por um que se esclarece, há milhões que morrem, cada dia, antes que a luz chegue até eles. Qual o destino destes últimos? São tratados como réprobos? No caso contrário, que fizeram para merecerem estar na mesma categoria que os outros?; 5 - Qual o destino das crianças que morrem em tenra idade, antes de poderem fazer o bem ou o mal? Se estão entre os eleitos, por que este favor, sem haverem nada feito para o merecer? Por qual privilégio estão isentas das tribulações da vida? (...).

São questões para pensar, raciocinar mesmo! Afinal, elas levam à lógica e à coerência da multiplicidade das existências, único meio racional para explicar as diferenças humanas dentro de um critério incomparável de justiça e igualdade entre os filhos de Deus.

Na ocorrência do mês de abril, a cada ano, que a família espírita traz na lembrança *O Livro dos Espíritos* (pelo seu lançamento em 18 de abril de 1857), nada mais oportuno que convidarmos nós mesmos a novamente estudar a importante questão 222 da citada obra. Pelo menos para estarmos bem preparados com argumentos sólidos diante dos argumentos contrários à reencarnação. E também, é óbvio, estarmos sintonizados com a correta postura de espíritas que estudam continuamente.

Capítulo 3

TRAUMA ANTERIOR

O garoto tinha pavor de permanecer na sala de aula. Todo dia era aquele drama entre os pais e os professores, funcionários e demais alunos. A sala não tinha forro e, a cada manhã, eram ouvidos os gritos de pavor na entrada às aulas. Somente com a presença da mãe ou do pai ao seu lado o garoto concordava em permanecer, ainda que muito contrariado.

Era o início da vida escolar daquele garotinho de pouca idade. Com o tempo, já que nem o tratamento psicológico resolvia a questão, uma informação espiritual – provinda de fonte digna e respeitável – esclareceu o assunto e auxiliou os psicólogos, pais e professores a ajudarem o assustado garoto.

Em existência imediatamente anterior, o mesmo Espírito – também na época em que era um garoto no início da vida escolar – sofreu o traumatismo de ter sua vida física encerrada numa sala de aula, quando o teto desabou sobre os alunos. Ficou o trauma que ora se refletia com intensidade na memória, que associava a sala de aula à tragédia vivida antes.

Este e outros casos de lembranças de existências passadas, muitas delas nítidas e passíveis de sérias pesquisas científicas, mostram claramente que somos Espíritos imortais vivendo diversas experiências carnais. E isso se manifesta não apenas através de lembranças, mas principalmente nas tendências morais, no patrimônio intelectual, nas habilidades desenvolvidas, e mesmo nos afetos e desafetos espontâneos.

É que, entre outras razões, como uma única existência pode decidir a sorte futura? Como pode alguém, que moralizado e esforçado nas boas causas durante toda a vida, estar na mesma situação de outro que se comportou relapso, indiferente e mesmo em prejuízo de si ou do próximo? E os que morrem na infância, os incapazes e aqueles sem perspectivas? Ao mesmo tempo, por que tantos extremos entre os seres humanos? Estas são questões que só a reencarnação consegue explicar.

Admitamos, ainda, por um instante no raciocínio, que realmente vivamos diversas experiências carnais na Terra, e concluiremos que:

a) O que não se pôde fazer numa existência, faz-se em outra;

b) Ninguém escapa à lei de progresso;

c) A cada um será dado conforme as suas próprias

ações, segundo seu merecimento real e os esforços próprios na conquista do intelecto e da moral;

d) ninguém fica excluído da conquista da felicidade, já que as oportunidades se renovam;

e) ninguém está condenado eternamente a nada, pois sempre teremos oportunidade de reparar o mal que causamos;

f) a ideia está conforme as noções de justiça e imparcialidade de Deus para com todos.

São situações que se multiplicariam ao infinito, porquanto são inúmeras as questões morais e psicológicas resolvidas pela multiplicidade das existências.

Para ampliar o assunto, sugiro ao leitor consultar *O Livro dos Espíritos*, especialmente na questão 222. Se quiser conhecer a história do garoto citado no início do artigo, busque o livro *Nossos Filhos são Espíritos*, de Hermínio C. Miranda.

Capítulo 4

PREÇO DA EVOLUÇÃO

NÃO HÁ MAIS DÚVIDAS, POR MEIO DO CONHECIMENto trazido pela Doutrina Espírita, de que estamos reencarnados para progredir. A finalidade da vida humana é mesmo promover o crescimento intelecto-moral dos Espíritos vinculados ao planeta para que, no futuro, alcancem outros patamares evolutivos.

Ora, isso é extremamente abrangente. O próprio crescimento intelectual, apesar de galopante do ponto de vista coletivo, exige permanentes esforços individuais na aquisição da cultura, de habilidades, de experiências. A esfera profissional, o aprimoramento de qualquer área cultural e mesmo o amadurecimento interior (aqui incluídos o relacionamento familiar e social), especialmente no aspecto emocional e psicológico, estão a solicitar a atenta observação intelectual daqueles que percebem os altos desígnios da vida humana.

Ocorre, entretanto, que é imperiosa também a necessidade do progresso moral. Sim, a aquisição ou o desenvolvimento de virtudes, para dotar a experiência emocional e psicológica dos valores éticos e humanitários que dignificam nossa qualidade de filhos de Deus.

Nessa luta sem tréguas e difícil, porque exige esforço e participação pessoal, está incluída a conquista da liberdade. Sim, a liberdade responsável. A liberdade de agir, com consciência, de tomar decisões, de saber discernir entre o certo e o errado, de optar por caminhos equilibrados e coerentes, sem prejuízo do próximo – que isso se destaque; enfim, de saber conduzir-se, sem que isso resulte em consequências danosas para si ou para qualquer pessoa.

Nesse processo de independência intelecto-moral (que não é total nem exclusivo, pois somos interdependentes uns dos outros), vamos gradativamente assumindo nossa autêntica herança de seres espirituais, sem nos deixar dominar pelo medo, por condução de terceiros (especialmente quando abusiva e exploradora), por inseguranças ou traumas.

E é exatamente por essa razão, a do amadurecimento que só a experiência vivida pode oferecer, que vivemos tantas atribulações e difíceis processos de relacionamento com outras pessoas e mesmo com nossas angústias interiores. É que estamos no caminho, estamos aprendendo. E todo aprendizado é tenso, lento e, muitas vezes, difícil.

Natural que seja assim. Se não sabemos, temos que aprender. Para aprender, erramos (pois não sabíamos). Por sua vez, os erros trazem consequências que podem significar aflições. No entanto, propiciam experiência.

É o preço da evolução. Sairemos escolados desse processo, pois conquistaremos madureza intelectual, emocional, psicológica. Tendo aprendido no calor das experiências, saberemos tomar decisões sensatas, prudentes, sábias em muitos casos. Para evitar novos desastres e novas quedas.

O preço é este: esforço, interesse, constância, confiança, coragem. Coragem de prosseguir, isso sim. Porque, em última análise, a evolução individual não será feita pelos outros, mas pelo esforço de cada filho da Criação Divina, cujas felicidade e harmonia estão condicionadas pelos méritos do próprio esforço pessoal.

Algum absurdo nisso? Não, apenas justiça.

Capítulo 5

PRINCÍPIO INCOMPREENDIDO

MUITA GENTE ACHA ABSURDA A IDEIA DE NASCER DE novo. Consideram difícil, inaceitável até, pensar que voltaremos a viver no planeta, em outra existência, em outro tempo mais adiante.

Pois a reencarnação, que é um princípio básico fundamental da Doutrina Espírita, é assunto que merece ser estudado, antes de ser negado. A incompreensão em torno desse tema provém exatamente do desconhecimento de seus fundamentos.

O que é a reencarnação, afinal?

Nada mais nada menos que a oportunidade renovada de continuar o progresso intelectual e moral que todos necessitamos fazer. Como resolver essa questão numa única existência?

E, também, como explicar as diferenças individuais, morais, intelectuais, sociais, etc.?

Ao mesmo tempo, como entender sortes tão diferentes das condições de vida na Terra? Se aceitarmos a teoria da vida única, teremos de aceitar a parcialidade de Deus, algo incoerente com a grandeza e a bondade do Criador, o que seria uma injustiça.

Por outro lado, enquanto uns têm tudo, outros nada têm; enquanto uns matam, roubam, exploram, outros esforçam-se a vida toda por uma existência digna. Como ficam essas diferenças depois? Com a reencarnação, abrem-se as portas da reparação, em outra oportunidade, simultaneamente à realidade da colheita da própria semeadura, no passado.

Não é justo considerar que cada um responde pelos próprios atos e colhe exatamente o que plantou? E que no futuro colherá o que planta agora?

E tem mais: a ideia reencarnacionista é tão antiga quanto a vida na Terra. O Espiritismo não a criou, nem tampouco é exclusividade de seus fundamentos. Ela, a reencarnação, está na essência de muitas religiões, e ainda é alvo de sérias investigações científicas.

Em síntese, pode ser entendida assim: somos todos Espíritos imortais e ocupamos por determinado tempo um corpo de carne. Destruído este, retornamos à pátria de origem, o Mundo Espiritual, renascemos em outro corpo para a continuidade do processo evolutivo. Com uma grande vantagem: acumulando conhecimentos, experiência e habilidades, apesar do esquecimento necessário, que é providência misericordiosa de Deus, para que não venhamos a cair nos mesmos erros do passado. Então, é como se começássemos do zero outra vez...

Assim, a vida na verdade é única. Ocupamos, sim, várias existências em corpos distintos, mas a alma é uma só e seu objetivo é alcançar a perfeição (progresso moral e intelectual completos). Convenhamos que isso é impossível em apenas uma existência.

A realidade da reencarnação derruba preconceitos de raça, cor, sexo, nacionalidade ou quaisquer outros. Ela corrige as anomalias da alma e faz-nos compreender que temos de ser solidários uns com os outros. Poderemos renascer em corpo com sexo diferente, em outro país, em condições sociais distintas. Nunca há regressão moral ou intelectual, embora possa haver no sentido social.

Sugerimos aos leitores os livros *Reencarnação em Foco* e *Reencarnação no Brasil,* ambos editados pela Casa Editora O Clarim.

Capítulo 6

JUSTIFICA-SE A PERPLEXIDADE

As ocorrências desafiadoras da atualidade são fatores de perplexidade – não há dúvida. Se já não bastassem as questões da violência urbana, dos desafios da economia, entre outros de variada expressão, vemos agora somarem-se a tudo isso os efeitos danosos causados pela indisciplina humana em relação ao meio ambiente.

Economia ou desperdício de água, reciclagem de lixo, queimadas, degelo dos polos, efeito estufa, poluição, substituição das atuais sacolas plásticas como embalagens para lixo e preservação das florestas, entre outros temas, estão na pauta das preocupações internacionais. Já não mais é uma questão localizada, mas planetária...

A perplexidade aumenta diante dos altos índices de fome, enfermidades e sofrimentos generalizados, de diferentes fontes, que nem é preciso relacionar. O questionamento é inevitável: *Deus existe mesmo? Onde está que permite tudo isso?* E, ao mesmo tempo, *como conciliar sua perfeição e bondade com o quadro atual que vivemos?*

Tais dúvidas justificam-se, mas decorrem todas da informação incompleta e deturpada sobre a vida humana, sua origem, a finalidade e a destinação. Referida deficiência da informação é muito antiga, estando embasada em manipulações por interesses de domínio ao longo de toda a história humana e alicerçada no conceito equivocado de uma existência única.

Na verdade, o que vivemos são estágios de aprendizado, todos necessários para o alcance do mérito da felicidade. Tais estágios são as diversas existências corpóreas – em países, épocas, sexo, famílias, profissões e circunstâncias diferentes –, cuja finalidade não é outra senão propiciar aprendizados, experiências e maturidade para futuras e crescentes conquistas, habilidades e alçadas de decisão.

Os sofrimentos, enfermidades e outros desafios humanos, em qualquer área que se queira analisar, podem, sim, ser estágios de aprendizados ou provas necessárias para crescimento e amadurecimento pessoal, como podem também ser consequências de leviandades e irresponsabilidades de passado remoto ou recente.

É importante frisar que não são castigos, apenas consequências.

E Deus as permite para que haja aprendizados individuais e coletivos.

Daí o sentido de justiça da pluralidade das existências. Vivemos o que construímos para nós mesmos e estamos construindo o que encontraremos amanhã, e tudo isso se soma aos estágios necessários de aprendizado. Somos, pois, os próprios autores de nossa desdita ou de nossa felicidade. Nada mais justo.

Por isso, tantos extremos. Uns são ricos e outros miseráveis. Uns possuem invejável saúde, outros já nascem enfermos e assim ficam por toda a vida. Alguns são gênios precoces e outros lutam a vida toda com grandes limitações intelectuais, entre outras questões que podem ser levantadas. Como conciliar tudo isso considerando apenas uma existência? Não é muito mais justo considerar que apenas estamos colhendo os equívocos do passado, com oportunidade de semearmos um futuro de mais equilíbrio e harmonia?

Deus é bom, é Pai amoroso e misericordioso. E também é justo e nunca nos desampara. No sofrimento, nas decepções, nas enfermidades, nos desafios, aprendemos a viver e nos tornamos maduros. Mas nada disso é possível numa única existência. Somente a multiplicidade delas propicia a aquisição de habilidades e experiências específicas que redundarão, em última análise, em benefício do próprio Espírito.

Vale recordar, também, a bondade divina, que diariamente nos cerca de oportunidades e de bênçãos para que continuemos a viver e a aprender.

Por isso, nada de temor ou descrença. Basta pensar que encontraremos, na Presença Divina, em toda parte, a força para continuar e progredir.

Informa O *Livro dos Espíritos*, na questão 166:

– A alma que não alcançou a perfeição na vida corpórea, como acaba de depurar-se?

– *Suportando a prova de uma nova existência.*

(...)

– A alma passa, pois, por várias existências corporais?

– *Sim, todos nós passamos por várias existências físicas. Os que dizem o contrário, pretendem manter-vos na ignorância em que eles próprios se encontram; esse o seu desejo.*

– Parece resultar desse princípio que a alma, depois de deixar um corpo, toma outro, ou, então, ela se reencarna em novo corpo; é assim que se deve entender?

– *É evidente.*

Capítulo 7

CURIOSO DIÁLOGO

"– Meu caro Eustáquio! (...), você já sabe que a sua última vivência no planeta trouxe-lhe profundos débitos, que precisam ser reparados. (...) Agora, precisamos saber se, por livre-arbítrio seu, você está preparado a reconhecer seus graves erros do passado e entender que o melhor caminho para resgatá-los é o imediato retorno à Crosta.

– E se eu aceitar, em que condições voltarei?

– Enfrentará uma vida simples, com alguma privação material, para que possa redimir-se de tantos desvios praticados na sua anterior opulência.

– Como? Então eu haverei de retornar pobre e miserável?

– Não há motivo para tanto asco, meu filho! A pobreza material, muitas vezes, significa a chave para a *riqueza do Espírito. Lembre-se de que a maioria de seus erros provém da sua privilegiada casta social, quando esteve reencarnado na França. Se você voltasse na mesma condição, a trajetória estaria prematuramente perdida. O seu programa indica que uma alteração no local de seu nascimento e na sua situação financeira será providencial. (...)*

– Apenas não compreendo por que devo retornar...

– A ideia de seu retorno ao plano material não é nossa, meu filho! Faz parte das leis de Deus e consagra a universal lei de ação e reação. Você deve retornar a fim de reparar tantos erros que anteriormente cometeu. (...)"

O curioso diálogo, acima transcrito, está no capítulo VIII – em transcrição parcial, obviamente – do livro *Eustáquio – Quinze séculos de uma trajetória*, ditado pelo Espírito Cairbar Schutel na psicografia do médium Abel Glaser.

O livro aborda a trajetória – como o próprio título indica – de um Espírito em suas experiências reencarnatórias. A transcrição acima apresenta apenas um pequeno lance do período das diversas existências e refere-se a um encontro para análise dos erros, acertos, análises e planejamentos, ocorrido no intervalo entre uma das encarnações, entre o protagonista principal da obra e seu orientador espiritual.

Ocorre que nosso personagem envolveu-se em inúmeros desvios comportamentais de desrespeito à dignidade humana; provocou e efetuou violências e, principalmente, deixou-se equivocar pela ilusão das riquezas materiais e do poder, tornando-se tirano poderoso e cruel. Tais ações geraram consequências, pois que foram em prejuízo próprio e de terceiros. A vida e a própria consciência do autor exigiam reparação de tais feitos.

Assim é a reencarnação. Ela é o mecanismo de evolução dos filhos de Deus. Com ela, sob o véu do esquecimento – para não agravar nossas angústias –, podemos também reparar os males que causamos a nós mesmos – pelos equívocos praticados – e a outras pessoas.

É uma lei sábia. Promove a felicidade de todos à custa do próprio esforço, o que gera méritos, proporciona amadurecimento e experiência. E é por ela que passamos a entender as gritantes diferenças humanas, os extremos que vigem em nosso mundo. Eis, pois, uma boa opção para sua leitura: o livro *Eustáquio – Quinze séculos de uma trajetória*.

Está bem claro em *O Livro dos Espíritos*:

> 171 – Sobre o que está baseado o dogma da reencarnação?
>
> – *Sobre a justiça de Deus e a revelação, pois, repetimos sempre: Um bom pai deixa sempre aos seus filhos uma porta aberta ao arrependimento. Não lhe diz a razão que seria injusto privar, para sempre, da felicidade eterna, todos aqueles cujo progresso não dependeu deles mesmos? Não são todos os homens filhos de Deus? Somente entre os egoístas se encontram a iniquidade, o ódio implacável e os castigos sem perdão.*

E o próprio Allan Kardec, comentando a resposta acima, acrescenta:

> *Todos os Espíritos tendem à perfeição, e Deus lhes fornece os meios pelas provas da vida corpórea; mas, em sua justiça, faculta-lhes realizar, em novas existências, o que não puderam fazer ou concluir numa primeira prova.*
>
> *Não estaria de acordo com a equidade, nem com a bondade de Deus, castigar para sempre aqueles que encontraram obstáculos ao seu progresso, independentemente da sua vontade, no próprio meio onde foram colocados. Se o destino do homem está irrevogavelmente fixado após a sua morte, Deus não teria pesado as ações de todos na mesma balança, e não os teria tratado com imparcialidade.*
>
> *A doutrina da reencarnação, isto é, aquela que admite para o homem várias existências sucessivas, é a única que responde à ideia que fazemos da justiça de Deus em relação aos homens colocados em uma condição moral inferior, a única que nos explica o futuro e fundamenta nossas esperanças, pois que nos oferece o meio de resgatar nossos erros através de novas provas. A razão indica essa doutrina e os Espíritos no-la ensinam. (...).*

Vamos ampliar o assunto? Pensemos agora nas diferenças. Sim, as gritantes diferenças entre os seres humanos. Em todos os sentidos que queiramos pensar. É o tema do próximo capítulo, que deixo igualmente à reflexão do leitor.

Capítulo 8

DIFERENÇAS

RACIOCINEMOS JUNTOS. RELACIONEMOS, EM SÍNTESE, as diferenças humanas: miséria e riqueza; beleza e feiura; intelecto farto e dificuldades elementares de raciocínio; gênios precoces e crianças que jamais aprendem; morte em tenra idade e juventude sadia; saúde e estabilidade financeira e dificuldades permanentes ao lado de enfermidades cruéis; violência e bondade; honestidade e corrupção; para uns, tudo dá certo e para outros, nada se acerta; medo e ousadia; modéstia e petulância; facilidades e dificuldades; e assim por diante...

Pois bem! É uma lista interminável esta. Diariamente, vemos situações em que os extremos se mostram e confundem o raciocínio. Afinal, ficamos a pensar: por quê? Como explicar as diferenças de raças, de moralidade, de virtudes, de inteligência, de genialidade, de motivações e interesses?

Acaso? Preferência de Deus? Privilégios de nascimento? Méritos? Castigo?

Cada pessoa vivendo sua própria individualidade, com seus anseios, aflições, angústias, conquistas, etc. Ao mesmo tempo, toda a humanidade envolvida nesse emaranhado de desafios diários, em que todo dia nasce e morre gente. Para que tudo isso?

Muitos contestam e sentem até dificuldade de entender, mas é simples. A explicação já existe e ela vem de antes da vinda de Jesus ao planeta. Sábios, em várias épocas, antes e após o advento de Jesus, falaram da reencarnação. E, atualmente, pesquisadores e cientistas estudam e comprovam a veracidade dessa lei natural que rege as vidas humanas.

Sim, lei! Não é invenção de ninguém, de nenhuma crença. Nem também privilégio ou exclusividade de quem quer que seja. Simplesmente, uma lei natural. Sendo natural, é Divina, estabelecida pelo Criador. Mas como constatar que é verdade?

Ora, voltemos ao início desse comentário. Submetamos todas aquelas dúvidas e outras mais da interminável lista a uma única existência que determina sortes e decide o futuro. Como conciliar isso com os princípios de justiça e bondade de um Pai Criador, que denominamos Deus e que foi apresentado por Jesus de maneira incomparável? Numa única oportunidade, repleta de fragilidades individuais e coletivas, como superar desafios que nos façam merecedores e habitantes de uma morada feliz após a morte do corpo? Acrescentem-se a isso as situações dos natimortos, das crianças que morrem em tenra idade ou jovens que partem vítimas de acidentes. Não tiveram tempo de construir o próprio equilíbrio. Foram desprezados pela vida. Por quê? E os demais são privilegiados? Isso é justo? Reduzir a obra máxima de Deus a esta vida de mediocridades efêmeras?

Com a multiplicidade das existências, podemos aprender continuamente, construir o equilíbrio e reparar equívocos. Isto é a reencarnação, sem segredos. Mera questão de justiça.

Nesse ponto, cabe a clareza da questão 219 de *O Livro dos Espíritos*:

> – Qual é a origem das faculdades extraordinárias de indivíduos que, sem estudo prévio, parecem ter a intuição de certos conhecimentos, como as línguas, o cálculo, etc.?
>
> – *Lembrança do passado; progresso anterior da alma, mas do qual não tem consciência. De onde queres que elas venham? O corpo muda, mas o Espírito não muda, embora troque de vestimenta.*

* * *

Podemos, no entanto, ampliar o assunto para a questão da convivência. O que analisamos a seguir, tomando como exemplo a convivência espírita, pode ser aplicado aos demais grupamentos humanos, porque apenas refletem as diferenças humanas, fruto das diferentes experiências por meio das reencarnações.

Diferenças e convivência

Sobre as diferentes aptidões dos seres humanos, os Espíritos foram claros na Codificação, na questão 804, de *O Livro dos Espíritos*. À indagação de Allan Kardec sobre as razões da desigualdade dessas aptidões, eles responderam que *Deus criou todos os Espíritos iguais,* **mas cada um deles tem maior ou menor vivência e, por conseguinte, maior ou menor experiência.** *A diferença está no grau da sua experiência e da sua vontade, que é o livre-arbítrio: daí, uns se aperfeiçoam mais rapidamente e isso lhes dá aptidões diversas. A variedade das aptidões é necessária a fim de que cada um possa concorrer aos objetivos da Providência no limite do desenvolvimento de suas forças físicas e intelectuais: o que um não faz, o outro faz. É, assim, que cada um tem um papel útil.* (...).

Ora, a resposta acima enseja vários desdobramentos. A própria indicação de maior ou menor vivência, de menos ou mais experiência, que naturalmente vai determinar o grau de vontade e liberdade, abre imensos espaços de atuação material e moral. Sim, porque cada um de nós só poderá agir com desenvoltura na área que conhece, em que tem experiência, que domina por vivência anterior, não necessariamente de existência passada.

Isso também leva a refletir que não se está impedido de iniciar campo novo de atuação, cujas constância e perseverança também levarão a novas experiências e ao acúmulo de outras vivências, igualmente úteis em todo o processo evolutivo.

Na mesma resposta também há a indicação do aperfeiçoamento mais rápido (que gera novas e constantes aptidões, nas diversas áreas) ou mais lento, a depender do esforço despendido e da movimentação da vontade nesse objetivo.

Entretanto, os Espíritos são muito claros. Como ensinam, "a variedade das aptidões é necessária". Cada um trará sua cota de contribuição, cada experiência será utilizada, cada força física ou intelectual concorrerá para o bem coletivo e todos têm um papel a desempenhar, sempre útil no conjunto geral. Sempre bem de acordo com a Vontade Divina, útil e sábia.

O interessante, porém, é que nem sempre as diferenças – que devem concorrer para um objetivo útil – conseguem estabelecer elos de harmonia. Muitas vezes, as diferenças individuais são causadoras de conflitos, fruto, é óbvio, da influência do orgulho e do egoísmo que ainda dominam a condição humana.

Allan Kardec, como sempre, traz a lucidez de seu pensamento em duas colocações – entre tantas no mesmo sentido –, que transcrevemos parcialmente aos leitores:

> *Se um grupo quer estar em condições de ordem, de tranquilidade e de estabilidade, é preciso que nele reine um sentimento fraternal. Todo grupo ou sociedade que se forma sem ter a caridade efetiva por base não tem vitalidade; ao passo que aqueles que serão fundados segundo o verdadeiro espírito da Doutrina se olharão como membros de uma mesma família que, não podendo todos habitar sob o mesmo teto, moram em lugares diferentes.*

A observação está dirigida aos grupos espíritas (em resposta ao requerimento dos espíritas de Lyon, por ocasião do ano-novo) e consta da *Revista Espírita*[1], de fevereiro de 1862, mas vale para qualquer grupamento. Onde há o sentimento de tolerância e benevolência estarão presentes a ordem, a tranquilidade, a estabilidade.

Da mesma forma, no exemplar de dezembro de 1868[1], na *Constituição Transitória do Espiritismo* (item IX – Conclusão), Kardec volta a afirmar:

> (...) *mas pretender que o Espiritismo seja por toda a parte organizado da mesma maneira; que os espíritas do mundo inteiro estejam sujeitos a um regime uniforme, a uma mesma maneira de proceder, (...) seria uma utopia tão absurda quanto de pretender que todos os povos da Terra não formem um dia senão uma única nação, governada por um único chefe, regida pelo mesmo código de leis, e sujeitos aos mesmos usos. Se há leis gerais que podem ser comuns a todos os povos, essas leis serão sempre, nos detalhes, na aplicação e na forma, apropriadas aos costumes, aos caracteres, aos climas de cada um.* **Assim o será com o Espiritismo organizado. Os espíritas do mundo inteiro terão princípios comuns que os ligarão à grande família pelo laço sagrado da fraternidade, mas cuja aplicação poderia variar segundo as regiões, sem, por isso, que a unidade fundamental seja rompida**, *sem formar seitas dissidentes se atirando a pedra e o anátema, o que seria antiespírita (...).*

Ora, é a questão das diferenças nos relacionamentos,

na convivência. Há diferenças, óbvio, até por questão de entendimento nos diferentes estágios em que também nos encontramos, os adeptos do Espiritismo. Isso, todavia, não elimina a fraternidade que deve reinar para a construção da paz no planeta e na intimidade individual. Com isso, pode o leitor concluir que a reencarnação influi também dentro do próprio entendimento espírita, uma vez que os espíritas também são Espíritos reencarnados e, portanto, sujeitos aos estágios próprios de entendimento e amadurecimento.

Bem a propósito, como destaca a mensagem *Fundamentos da ordem social*[1]:

(...) A fraternidade pura é um perfume do Alto, é uma emanação do infinito, um átomo da inteligência celeste; é a base das instituições morais e o único meio de elevar um estado social que possa subsistir e produzir efeitos dignos da grande causa pela qual combateis. Sede, pois, irmãos se quiserdes que o germe depositado entre vós se desenvolva e se torne a árvore que procurais. A união é a força soberana que desce sobre a Terra; a fraternidade é a simpatia na união. (...) É preciso estardes unidos para serdes fortes, e é preciso ser forte para fundar uma instituição que não repouse senão sobre a verdade tomada tão tocante e tão admirável, tão simples e tão sublime. Forças divididas se aniquilam; reunidas, elas são tantas vezes mais fortes. (...).

E conclui com sabedoria:

(...) Sem a fraternidade, que vedes? O egoísmo,

a ambição. Cada um em seu objetivo; cada um persegue-o de seu lado; cada um caminha à sua maneira, e todos são fatalmente arrastados no abismo onde são tragados, depois de tantos séculos, todos os esforços humanos. Com a união, não há mais que um único alvo, porque não há mais do que um único pensamento, um único desejo, um único coração. Uni-vos, pois, meus amigos; é o que vos repete a voz incessante de nosso mundo; uni-vos, e chegareis bem mais depressa ao vosso alvo (...).

E qual seria o alvo, para nós que professamos o Espiritismo?

Permitimo-nos reproduzir a clareza da resposta com que iniciamos o presente comentário: *A variedade das aptidões é necessária a fim de que cada um possa concorrer aos objetivos da Providência no limite do desenvolvimento de suas forças físicas e intelectuais: o que um não faz, o outro faz. É, assim, que cada um tem um papel útil.(...).* (*O Livro dos Espíritos*, questão 804, Ide Editora)

Concentremos atenção no final da frase: **o que um não faz, outro faz. É assim que cada um tem um papel útil (...).**

Compreendendo esse esclarecimento vital, desaparecem as diferenças e a convivência toma seu verdadeiro rumo: o da fraternidade.

Nota da editora: os destaques são do autor da presente obra.

[1] Mensagem obtida em reunião presidida por Allan Kardec, ditada pelo Espírito Léon de Muriane e publicada na edição de novembro de 1862 da *Revista Espírita* (edição IDE Editora, tradução Salvador Gentile).

Capítulo 9

DRÁUSIO E MARIA APARECIDA

A pequena Maria Aparecida, de apenas 3 anos, faleceu vítima de atropelamento na cidade de Aramina, no interior de São Paulo. A família, obviamente, tomou-se de muito sofrimento e, aconselhada por amigos, procurou Chico Xavier em Uberaba (MG). Isso em 1969. O conhecido médium, depois de palavras de conforto, avisou: "Não se desesperem, a alegria voltará ao lar de vocês!"

Apesar de todas as previsões contrárias, a mãe concebeu novamente e, em outubro de 1970, nasceu Dráusio, um belo menino. Aí começaram as surpresas. Sim, porque o garoto começou a ter lembranças de sua vida anterior e chegou a afirmar que ele era Maria Aparecida, a irmãzinha que nem chegou a conhecer, agora reencarnada como Dráusio.

Tais lembranças se manifestaram de inúmeras formas, entre as quais usar frases da irmã, para grande espanto de todos. Também o reconhecimento de objetos na barbearia do pai, dando-lhes nomes e localizando-os, em testes propositais feitos pelo próprio progenitor. Há também o reconhecimento do local do acidente, recordações da antiga casa, inclusive a da própria avó, onde desejava ver o antigo galinheiro, entre outras interessantes lembranças catalogadas.

Esse caso está entre outros sugestivos casos que sugerem a reencarnação, e consta do livro *Reencarnação no Brasil*, de Hernani Guimarães Andrade. No total, são oito casos. Todos devidamente pesquisados, catalogados sob rigoroso critério científico, em entrevistas com as pessoas envolvidas e busca de dados que sugerem renascimento. No episódio de Dráusio e Maria Aparecida, é interessante notar que houve a possibilidade de conhecer a personalidade anterior e atual, por meio dos pais, que são os mesmos, e demais familiares envolvidos.

Para reflexão dos leitores, o autor coloca, ao final de cada caso, uma Tabela de Recordações do Paciente, estabelecendo comparações de dados apresentados com a realidade constatada, levando ao raciocínio dos fatos coletados e organizados didaticamente para a análise de cada situação.

Nada mais sugestivo. É a reencarnação. Lei Divina que determina a evolução da alma através de múltiplas existências em corpos físicos perecíveis. É mecanismo sábio, de justiça, único capaz de explicar as extremas diferenças humanas.

É preciso mesmo estudar continuamente para compreender. Mas, interessante, é algo simples. Basta pensar um pouco.

O tema assim estudado, isto é, cientificamente, com catalogação de dados, pesquisas sérias e utilizando método científico de observação e análise de dados, é outro ângulo que deve merecer nossa atenção.

A reencarnação não é apenas um ponto ideológico do Espiritismo. Ela, a multiplicidade das existências, não é invenção nem exclusividade do Espiritismo. Sua teoria remonta à Antiguidade e está presente em muitas crenças anteriores ao Espiritismo.

Basta buscar as ideias de Sócrates e Platão e estudar a essência dessas ideias para encontrar lá tais fundamentos. Basta pesquisar no Budismo e em outras crenças, e igualmente encontraremos a ideia reencarnacionista.

Todavia, não é propósito desta obra apresentar provas ou abordar cientificamente o assunto. Não é de nossa alçada. Mesmo porque existem obras seríssimas, de caráter filosófico e cientifico, à disposição.

Na literatura espírita, por exemplo, podemos citar como referência e indicação aos leitores *A Reencarnação*, de Gabriel Delanne, publicado pela FEB, além de outras obras notáveis dos pesquisadores e consagrados escritores brasileiros: Hermínio Miranda, Richard Simonetti, Therezinha Oliveira e Hernani Guimarães Andrade. Sem falar da inesgotável literatura espírita disponível, em que a temática é tratada em romances, obras de estudos e de referências e pesquisas.

Mas não é só. Inúmeros cientistas e pesquisadores de outras nacionalidades escreveram sobre a reencarnação. Trabalhos sérios, de valor científico, de homens e mulheres consagrados e respeitados no meio científico internacional. Muitos, inclusive, sem destaque para aspectos religiosos ou morais, mas analisando apenas cientificamente a questão, com acompanhamentos, pesquisas e provas. Deixo ao leitor a pesquisa, dadas a variedade e a quantidade à disposição, de obras de referência de boa qualidade.

Nosso propósito é tornar o assunto de fácil assimilação para qualquer pessoa, o que procuraremos fazer ao longo dos capítulos desta obra, sem quaisquer preocupações acadêmicas ou de notoriedade. O objetivo é mesmo facilitar a assimilação da ideia reencarnacionista, sem pretensões de convencer ninguém.

Capítulo 10

VENÇA SUAS DIFICULDADES, SUPERE SEUS DESAFIOS.

Qual o principal motivo das angústias e dificuldades levadas às terapias? Sim, dentre tantas razões que podem nos levar a procurar a terapia psicológica, qual seria aquele que se sobressai como causa dos desequilíbrios que atormentam a serenidade da vida humana? Tive oportunidade de indagar isso de uma psicóloga, de público.

Declarou a psicóloga que o principal fator é a falta de fé. Isso me abriu um leque de entendimento e pude refletir sobre o alcance da afirmação.

Surpreendente! Na minha falta de visão – pois não sou psicólogo – imaginava que fossem outros os motivos, como o vazio existencial, os dramas sexuais, a depressão, a solidão, a timidez, etc. Claro que todos eles, e outros, apresentam-se como causa dos desajustes que podem requerer ajuda profissional, sempre útil e oportuna.

Sim, a ausência de fé é cruel para o coração, para o psiquismo. Sem ela, onde estarão a coragem, a determinação, a perseverança, a confiança, a lucidez, a certeza de superação das dificuldades?

Afinal, o que é a fé senão a *confiança* nas próprias forças e no amparo de Deus que nunca falta, a *certeza* de que se podem alcançar determinados objetivos, a *lucidez* para decidir sobre os melhores caminhos?

Ora, paremos para pensar um pouco. Confiança no coração, certeza de que se pode superar desafios e lucidez na hora de decidir são fatores essenciais oriundos da fé, esse sentimento notável, nato e necessitado de manutenção pelo raciocínio e pelo estudo, e até mesmo pela prática diária da prece e da meditação.

Muitos poderão dizer que não. Respeito opiniões, pois não estou aqui para polemizar. Entretanto, a fé não é apenas uma questão religiosa, mas principalmente uma questão de foro íntimo, ainda que sejam crenças nas próprias forças. Independente de crermos ou não na existência de forças e poderes de Deus em nosso favor, tais forças existem e nos amparam continuamente. Ocorre que, quando somamos nossos próprios valores aos recursos da Espiritualidade, independente de religião, nossas forças e perspectivas são triplicadas...

Para vencer, pois, as dificuldades, é hora de levantar a cabeça, acreditar em si mesmo, usar os recursos da coragem, da iniciativa, e prosseguir caminhando. Não existem dificuldades insuperáveis. Existem, sim, desistências, fruto, não há dúvida, da ausência de fé.

Um detalhe, porém, amigo leitor, não pode ser esquecido: busque os recursos de Deus! Quando tudo se fechar para você, em todos os lados, levante os olhos para o Alto e busque o socorro sempre presente da Bondade Divina, que nunca nos abandona.

Notemos que nossos dramas e angústias se desenvolvem a partir de posturas de descrença, desânimo, precipitação e falta de amor em seu amplo e irrestrito sentido.

A falta de fé é, pois, um inimigo cruel. Seja qual for a religião à qual você se vincule, construa sua fé, mantenha-a ativa e produtiva. Pelo menos a seu próprio favor, para vencer seus desafios e depois oferecer também sua experiência e suas próprias mãos para levantar aqueles que caíram, em postura de solidariedade que a todos nos cabe.

A ajuda profissional é marcante, mas sua postura de coragem e fé é determinante para a superação de desafios. Não nos comparemos a ninguém. Somos únicos, cada um com seu potencial. Afinal, ninguém é maior do que ninguém, nem menor...

Você, amigo leitor, assim como eu ou como qualquer pessoa, é autêntica e amada *pérola de Deus!*

E o leitor poderá estar se indagando: "Mas o que tem isso a ver com a reencarnação, foco principal do livro que tenho em mãos?".

Muito a ver. Afinal, é exatamente pela repetição das experiências reencarnatórias, em épocas, locais, países, e mesmo no contato com outras pessoas, que vamos gradativamente construindo o tesouro das virtudes, dentre elas, a fé.

Se não passássemos pelas experiências, como entenderíamos a importância da Divina Virtude? É com ela que vamos aprendendo a confiar, é com ela que vamos verificando a patente presença de Deus e dos Espíritos encarregados de nos amparar diante das adversidades, desafios e dificuldades que vão surgindo ao longo do caminho. E, interessante, normalmente perceptível após a passagem da então considerada *tempestade*. Ora, é nas experiências que se repetem, visando formar essa consciência de presença e proteção, que vamos percebendo realmente que nunca estamos desamparados, que a proteção é permanente, real, viva. Nós é que a desconhecemos. Todavia, diante da sucessão dos desafios, vamos percebendo a maneira sutil e declarada dessa abençoada assistência que nunca falta.

Portanto, confiar sempre, prosseguir, prosseguir...

Capítulo 11

SOBRE OS DESAFIOS DO MAL

O MAL EXISTENTE À NOSSA VOLTA É RESULTANTE DE nossa própria sintonia com os valores contrários ao bem. Na verdade, tudo na vida conspira a nosso favor!

Não se assuste o leitor. Não estou "tapando o sol com a peneira", a conhecida frase popular. Os leitores podem pensar que estou cego, não enxergando a torrente de desafios, maldades, falcatruas, desonestidades, corrupção e inverdades que nos circundam a cada instante. Não, não estou cego. A maldade, a inveja, o ciúme, a corrupção e seus derivados existem. Infelizmente, ainda convivem conosco.

Mas são eles frutos do orgulho, da vaidade, do egoísmo que ainda carregamos conosco. Afinal, a infelicidade só existe porque a permitimos. E permitimos quando adotamos condutas de revolta, de maledicência, de desonestidade. O quadro atual do planeta apenas reflete, coletivamente, o que vai dentro do coração... Que pena!

Por isso, não vale a pena perder tempo fazendo o mal, pensando no mal, sentindo o mal. Alguns dias com mágoa no coração, por exemplo, podem significar anos futuros de sofrimento e enfermidade. Melhor não perder a oportunidade de pedir desculpas ou aceitar esquecer o mal que supostamente entendemos que nos foi dirigido, mesmo que tenha sido proposital.

O erro é sempre marca profunda no coração daquele que o comete, apontando-lhe a deficiência de compreensão e a necessidade de cada um. É preciso pensar que ninguém precisa ser mau para que o que fez o mal seja punido. A Lei do Universo nos isenta dessa degeneração moral a fim de punir os que falham, valendo-se da própria maldade que eles mesmos demonstram ter, por ignorar tais leis em si próprios. Isso porque o mal que fazemos redunda em nosso próprio mal.

A vida deve ser um hino à bondade, pois só assim seremos capazes de nos envolver pelo cântico doce e inspirador do bem que nos protegerá sempre. Nada do que fizermos, de bem ou de mal, ficará desconhecido no plano da Verdade que, ingenuamente, tentamos enganar. E mais do que os fatos em si mesmos, tais feitos retornarão com as marcas indeléveis das intenções mais profundas que estavam dentro de cada um que agiu, quando e como agiu.

É pela intenção, mais do que pelo fato, que as leis da vida geram consequências, amparando ou deixando o indivíduo entregue aos seus próprios desatinos para que aprenda a respeitar a própria vida e seus semelhantes. É no sentimento que está a porta para a verdade e para a compreensão exata da vida. É no coração que se encontra a nossa sentença de condenação ou absolvição.

Melhor, pois, renunciar a causar prejuízos ao próximo. Seja pela ação, pelo pensamento, pela intenção. Cada um deles terá consequências próprias. Melhor, pois, renunciar a mágoas e ressentimentos, para perdoar, compreender, tolerar. Sem perder de vista a extensão da expressão *prejuízos ao próximo*. Quanta coisa cabe aí?!

Bom será percebermos a extensão do bem, o benefício do bem que podemos espalhar e fazer. Aí, sim, perceberemos que nós mesmos podemos construir a felicidade que desejamos. Afinal, toda colheita é fruto de semeaduras...

E quando entenderemos esse processo todo? Quando perceberemos que fazer o bem, perdoar, renunciar à vingança, desfazer-se de mágoas e ressentimentos, é o melhor caminho?

É fácil responder: será quando percebermos pelas consequências colhidas de nossas ações. Não como castigo, pois não há castigo, mas como consequência. Muitas vezes, nesta mesma vida; em outros casos, em futuras existências.

Muitos argumentarão que não nos lembramos. E como isso pode ser possível? Bem, neste caso, fica a indicação do estudo para entender a questão.

Novamente, porém, é a mesma repetição das experiências, visando ao aprendizado, que vai criar a conscientização de que somos responsáveis pela construção de nossa própria felicidade, o que cria o mérito desse novo estado. E isso só se consegue aprendendo...

Nota do Autor – Baseado no livro *A Força da Bondade*, André Luiz Ruiz/Lúcius, capítulo 19, IDE Editora.

Capítulo 12

TAMBÉM NA REVISTA ESPÍRITA

COMO É DO CONHECIMENTO DE MUITOS, A PLURAlidade das existências, ou reencarnação, é princípio básico da Doutrina Espírita. Em linhas gerais, significa autêntica escola, oportunidade de aprendizado, pois que a multiplicidade das experiências em corpos carnais – em diferentes mundos, países, condições sociais, sexos, culturas, profissões, atividades a que podemos nos entregar e circunstâncias localizadas – propicia o aprendizado necessário à evolução, que levará à sabedoria e às virtudes.

A Codificação Espírita é muito clara na questão. Em *O Livro dos Espíritos*, o Codificador Allan Kardec dedicou os capítulos IV – *Pluralidade das Existências* – e V – *Considerações sobre a Pluralidade das Existências* –, especificamente, para tratar do assunto – em mais de 50 questões –, sem prejuízo, é óbvio, das abordagens em outros capítulos e em outras obras.

O incorreto entendimento desse princípio fundamental tem gerado confusões do tipo "nascemos para sofrer", "a reencarnação existe para pagar dívidas" ou "você poderá renascer como um animal", todos conceitos equivocados e incoerentes com os ensinos do Espiritismo, cuja real compreensão deve ser adquirida no estudo constante e atento de seus fundamentos.

Interessante é tomar conhecimento de que a fundamentação básica da reencarnação baseia-se na Justiça Divina (conforme questão 171 da obra basilar da Doutrina, acima citada), uma vez que seu mecanismo oferece igualdade de oportunidades para todos, sendo que as condições em que ocorrem sempre são fruto dos méritos, deméritos e necessidades de cada reencarnante. Na verdade, não há o que reclamar, pois somos os reais construtores das condições que propiciamos a nós mesmos.

Vencer as próprias limitações, pois, é o desafio maior de cada oportunidade reencarnatória, entendendo-se, é óbvio, a extensão da expressão *limitações* nessa frase. Nelas se incluem a necessidade do aprimoramento intelecto-moral, o resgate de equívocos anteriores e também as condições físicas – do planeta e do corpo que habitamos (aqui também considerados os aspectos familiares, sociais, etc.). Como se pode perceber, trata-se de um processo longo, difícil e muitas vezes penoso, ou suave – a depender da direção que possamos imprimir –, mas com diferencial muito sábio: o mérito e a experiência que adquirimos. Diferencial que nos alçará para planos de mais elevação, continuamente.

Os que não aceitam a reencarnação usam, normalmente, o detalhe do "esquecimento do passado" para justificar a negação que oferecem. Ocorre que tal esquecimento constitui verdadeira bênção de recomeço em cada existência, para que traumas, equívocos, complexos e relacionamentos difíceis possam ser equacionados com a nova oportunidade que surge, possibilitando reconstruir o que outrora foi destruído, desprezado ou mal direcionado.

Em *Obras Póstumas* (textos de Kardec publicados após sua desencarnação), de 1890, no capítulo *As cinco alternativas da humanidade*, Allan Kardec apresenta os fundamentos das doutrinas materialista, panteísta, deísta, dogmática e espírita, para discorrer com sabedoria sobre a lógica das vidas sucessivas como mecanismo de justiça e sabedoria. O estudo do citado capítulo muito acrescenta ao entendimento da questão reencarnacionista, para o qual sugerimos consulta integral. Igualmente o *clássico* da literatura espírita, *A Reencarnação*, de Gabriel Delanne (edição da Federação Espírita Brasileira), oferece substancioso material para estudos e reflexões.

Tudo se resume à análise das desigualdades (que são morais, intelectuais, emocionais, etc.), do esquecimento do passado, nos casos de recordações de experiências anteriores, nas crianças-prodígio, entre outros temas, explicáveis tão somente pela multiplicidade das existências.

Na Revista Espírita[1], exemplar de outubro de 1860, Kardec publicou mensagem de autoria do Espírito Zénon,

---

[1] A *Revista Espírita* é publicação fundada por Allan Kardec em 1858. Foi por ele dirigida até sua desencarnação. Publicada mensalmente durante a gestão do Codificador, transformou-se em livro, sendo um volume para cada ano, de 1858 a 1869 – um precioso material para estudos e pesquisas.

com o mesmo título que utilizamos na presente abordagem. Transcrevemos parcialmente:

> *Há, na doutrina da reencarnação, uma economia moral que não escapa à tua inteligência. Só a corporeidade sendo compatível com os atos de virtude, e estes atos sendo necessários ao adiantamento do Espírito, este deve raramente encontrar, numa só existência, as circunstâncias necessárias à sua melhoria acima da Humanidade. Estando admitido que a justiça de Deus não pode se misturar com as penas eternas, a razão deve concluir pela necessidade: 1ª – de um período de tempo durante o qual o Espírito examina o seu passado, e forma as suas resoluções para o futuro; 2ª - de uma existência nova em harmonia com o adiantamento desse Espírito. Não falo de suplícios, algumas vezes terríveis, aos quais são condenados certos Espíritos durante o período da erraticidade; eles respondem de uma parte pela enormidade da falta, de outra pela justiça de Deus. Isto é dito bastante para dispensar e dar detalhes que encontrará, aliás, no estudo das evocações. Retornando às reencarnações, delas compreenderás a necessidade por uma comparação vulgar, mas impressionante de verdade. Depois de um ano de estudos, que ocorre ao jovem colegial? Se progredir, passa para uma classe superior; se permaneceu imóvel na sua ignorância, ele recomeça a sua classe. Vai mais longe; supõe faltas graves: ele é expulso; pode errar de colégio em colégio; pode ser expulso da Universidade, e pode ir da casa de educação para a casa de correção. Tal é a imagem fiel da sorte dos*

Espíritos, e nada satisfaz mais completamente a razão. Quer se escavar mais profundamente a doutrina? Ver--se-á o quanto, nestas ideias, a justiça de Deus parece mais perfeita e mais conforme às grandes verdades que dominam a nossa inteligência. No conjunto, como nos detalhes, há alguma coisa de tão surpreendente que o Espírito nelas iniciado pela primeira vez está como iluminado. E as censuras murmuradas contra a Providência, e as maldições contra a dor, e o escândalo do vício feliz em face da virtude que sofre, e a morte prematura da criança; e, numa mesma família, encantadoras qualidades dando, por assim dizer, a mão a uma perversidade precoce; e as enfermidades que datam do berço; e a diversidade infinita dos destinos, seja entre os indivíduos, seja entre os povos, problemas não resolvidos até este dia, enigmas que fizeram duvidar da bondade e quase da existência de Deus, tudo isso se explica ao mesmo tempo. Um puro raio de luz se estende sobre o horizonte da filosofia nova, e no seu quadro imenso, se agrupam harmoniosamente todas as condições da existência humana. As dificuldades se nivelam, os problemas se resolvem, e os mistérios impenetráveis até este dia se resumem e se explicam nesta única palavra: reencarnação. (...) O que é a vida humana? O tempo durante o qual o Espírito permanece unido a um corpo. Os filósofos cristãos, no dia marcado por Deus, não terão nenhuma dificuldade de dizer que a vida é múltipla. Isso não acrescenta nem muda nada em vossos deveres. A moral cristã permanece de pé, e a lembrança da Missão de Jesus plana sempre sobre a Humanidade. A religião nada tem a temer desse ensinamento, e não está longe o dia em que os seus ministros abrirão os olhos à luz; reconhecerão, enfim, na revelação nova, os recursos que, do fundo das suas basílicas, eles imploram do céu. Creem que a sociedade vai perecer; ela vai ser salva. (...)

Estude a mensagem ponto a ponto, reflita sobre seu conteúdo e, uma vez mais, transparece a lógica desse princípio basilar do Espiritismo: a pluralidade das existências. Como Lei Divina a conduzir os caminhos da evolução.

Diga-se de passagem também que, na *Revista Espírita*, há inúmeros outros casos envolvendo a reencarnação, em verdadeiro tesouro de conhecimentos.

Capítulo 13

PERDER OU GANHAR?

Em tudo que formos fazer, nas decisões e ações empreendidas, seja na realização de um sonho ou nas atitudes e providências, é preciso sempre ponderar se tais escolhas redundarão em prejuízo de alguém. A dor que se sabe poder evitar e é ignorada, o prejuízo que venhamos a produzir a outrem e as lesões causadas ao próximo – pelo exercício de nossas ambições ou pela alucinada corrida pela sobrevivência – representarão tragédia anunciada em nosso próprio horizonte. Considere-se que tais lesões podem ser afetivas, patrimoniais ou físicas.

É quando pensamos apenas no sucesso profissional, em conquistas materiais, em progredir a qualquer custo; quando desejamos ser admirados pelo acúmulo de riquezas e pela ampliação de poderes para exaltação do orgulho e da vaidade, ou para disso fazermos arma com a qual firamos a miséria, a incapacidade do semelhante, produzindo mais inveja do que respeito e admiração, mais ódio mudo do que gratidão espontânea; quando nos fingimos de bons para a conquista de postos transitórios, trombeteando atos generosos para ganhar votos, estamos perdendo a vida...

 É quando reduzimos a vida a uma luta ferrenha pelo realce social, pelo soerguimento de uma vaidade tola, num constante esbanjar de recursos ou na mesquinha sovinice; quando apenas nos felicitamos mediante o abraçar de escrituras de papel como parte de nossa personalidade ou quando nos orgulhamos por estar dirigindo "latas" que pagamos mais caro do que uma casa, por simples luxo ou vaidade, por estarmos vivendo na alucinação da inutilidade, estamos perdendo a própria vida...

 Quando, porém, aceitamos a luta honesta, no sacrifício das ambições para que mais semelhantes sejam detentores do mínimo necessário ou de algumas alegrias a mais; quando nos fazemos defensores da ética nas posturas, sacrificando nossos interesses em favor da justiça e da verdade; quando nos recusamos a ser peso morto na folha de pagamento dos governos, ganhando sem trabalhar, como roedores da carne de velhos que morrem sem recursos, de crianças que perecem de fome por falta de merenda; quando entendermos que viver é algo que pede consciência tranquila acima do bolso cheio ou do dinheiro no banco; quando não nos deixamos levar pela leviandade da maioria, mas escolhemos nossos caminhos com base nas orientações seguras do Evangelho, em que não há espaço para furtar o próximo, em que não se encontra desculpa para o crime que se comete em nome da ambição ou da guerra social, em que não há complacência com o mal, ainda que se busque ajudar o maldoso; quando entendemos que todas essas questões não nos levem às reverências da sociedade, não nos vestirão de púrpura nem nos darão lugar de destaque, não nos fornecerão recursos para desperdiçar em vaidades que muitas vezes custam o que um cidadão não consegue ganhar durante toda sua vida; quando tudo fazemos para ajudar quem necessita, quando servimos por amor sem desejar alguma coisa; enfim, quando entendemos a necessidade de nos enquadrarmos na definição de um homem de bem, poderemos, sim, ser considerados perdedores aos olhos do mundo mesquinho e injusto que enaltece os chamados espertos. No entanto, teremos vivido e aproveitado as lições para nos tornarmos melhores. Teremos, aí sim, ganhado a vida.

É aí que estamos alcançando degraus evolutivos. É nesse ponto que a reencarnação é também magistral, ensinando-nos que os esforços para domar as más inclinações e as tendências infelizes não serão perdidos nunca, porque sempre redundarão em nosso próprio benefício com os progressos realizados.

Perder ou ganhar é, pois, uma questão de escolha!

Melhor não causar prejuízos, melhor perder que ganhar com desonestidade, melhor não lesar, melhor ter a consciência tranquila, melhor perder muitas vezes para ganhar na realidade palpável de nossa autêntica condição de filhos de Deus!

Sim, porque, no futuro, nesta e em outras existências,

o mal que distribuímos agora trará consequências que nós mesmos construímos. Por isso, a noção e o entendimento, e mesmo a conscientização das vidas sucessivas, são fatores até de utilidade pública, de saúde pública, porque preservam e esclarecem que todo prejuízo causado a alguém redundará em nosso próprio prejuízo, e todo esforço no bem trará momentos de felicidade, de equilíbrio, de paz. Seja pela gratidão do beneficiado, seja pelo bem-estar que experimentamos.

Capítulo 14

AÇÃO E REAÇÃO

O Código penal da vida futura, apresentado por Allan Kardec na obra *O Céu e o Inferno* (capítulo VII da primeira parte), é fonte de interessantes reflexões em torno da *lei de ação e reação,* que rege os caminhos humanos.

Como pondera o próprio Codificador, no mesmo capítulo e com o subtítulo *Princípios da Doutrina Espírita sobre as penas futuras, (...) no que concerne às penas futuras, não está mais fundada sobre uma teoria preconcebida do que em suas outras partes; não é um sistema substituindo um outro sistema; em todas as coisas, se apoia sobre as observações, e é isso que lhe dá autoridade. Ninguém, pois, imaginou que as almas, depois da morte, deveriam se encontrar em tal ou tal situação; são os próprios seres que deixaram a Terra que vêm, hoje, nos iniciar nos mistérios da vida futura, descrever sua posição, feliz ou infeliz, as suas impressões e a sua transformação com a morte do corpo; em uma palavra, completar, sobre esse ponto, o ensinamento do Cristo. Não se trata, aqui, da relação de um único Espírito, que poderia não ver as coisas senão sob o seu ponto de vista, sob um único aspecto, ou estar, ainda, dominado pelos preconceitos terrestres, nem de uma revelação, feita a um único indivíduo, que poderia se deixar enganar pelas aparências, nem de uma visão extática, que se presta às ilusões, e, no mais das vezes, não é senão o reflexo de uma imaginação exaltada; mas trata-se de inumeráveis exemplos fornecidos por todas as categorias de Espíritos, desde o alto até o mais baixo da escala, com a ajuda de inumeráveis intermediários disseminados sobre todos os pontos do globo, de tal sorte que a revelação não é o privilégio de ninguém, que cada um também pode ver e observar, e que ninguém está obrigado a crer sobre a fé de outrem.*

Esta transcrição inicial é importante para nos situarmos no universo de observações em que se colocou o Codificador para elaboração da Teoria Espírita, advinda toda das revelações que os próprios Espíritos fizeram.

O próprio O Livro dos Espíritos, obra lançada em 18 de abril de 1857, com os fundamentos doutrinários do Espiritismo e organizado em forma de perguntas e respostas, teve sua *parte Quarta*, com dois capítulos e exatas cem perguntas com suas respectivas respostas, totalmente dedicada ao tema *penas e gozos terrenos e futuros*.

Do *Código*, que citamos no primeiro parágrafo acima, utilizaremos o terceiro dos 33 itens, para orientar o desenvolvimento do tema. O texto original apresenta-se nos seguintes termos: *Não há uma única imperfeição da alma que não carregue consigo as suas consequências deploráveis, inevitáveis, e uma única boa qualidade que não seja a fonte de um prazer.*

Ora, são as imperfeições ou as qualidades da alma humana que geram suas ações felizes ou equivocadas. Essas ações estão caracterizadas com o selo moral do estágio em que se situa o ser. Portanto, os pensamentos, os sentimentos e as próprias ações executadas no transcorrer de uma existência geram reflexos na própria existência, na vida espiritual ou até mesmo na próxima ou nas futuras existências, a depender, é claro, da extensão ou gravidade da ação promovida.

A lei de ação e reação, ou o *a cada um segundo suas próprias obras*, baseia-se num perfeito mecanismo de justiça e igualdade absoluta para todos. Não há qualquer favoritismo para quem quer que seja. Agindo bem, teremos o mérito do bem. Agindo mal, teremos as consequências. Não se trata de castigo, em absoluto, mas de consequências.

Qualquer prejuízo que causarmos a nós mesmos ou a terceiros ocasionará consequências inevitáveis em nossa própria vida. Isto é da Lei Divina. E qualquer benefício que distribuamos gerará méritos e benefícios correspondentes em nosso próprio caminho, ainda que haja ingratidão dos beneficiados.

Passamos a entender, portanto, que fazer o mal a quem quer que seja nunca será compensador, pois sempre responderemos pelo mal que causarmos, inclusive a nós próprios. E, do mesmo modo, toda felicidade ou tranquilidade que proporcionarmos ao próximo redundará, inevitavelmente, em bem para nós mesmos.

Não é por outra razão que Jesus ensinou a perdoar. O ódio alimentado, a vingança executada ou a perseguição contumaz a qualquer pessoa redundarão em estágios de sofrimento e dor a seu próprio autor. Perdoando, libertamo-nos.

Também é pela mesma razão que a recomendação sempre constante é para que promovamos o bem, ainda que este não nos seja espontâneo (estamos aprendendo a incorporá-lo em nós mesmos), pois todo bem gera o bem. O mal sempre gerará consequências desagradáveis.

Fácil perceber, portanto, que muitos sofrimentos existentes hoje na vida individual, social e coletiva, inclusive em termos de planeta, poderiam ser evitados se houvesse o conhecimento dessa realidade das consequências geradas por nossos atos. Quantos equívocos pelo desconhecimento dessa lei que simplesmente usa a justiça e a igualdade como parâmetros...

Não temos o direito de ferir, de denegrir, de caluniar, de espoliar... Não temos igualmente o direito de matar, de roubar (bens, dignidade, oportunidades, paz, etc.), de interferir na vida alheia, de impor ideias ou padrões que julgamos corretos. Entendamos que as criaturas são livres, desejam ser respeitadas, assim como queremos ser...

Este é o detalhe: as tentativas de dominação, imposição, de cerceamento da liberdade individual sempre ocasionarão sofrimentos, pois todos somos seres pensantes, com vontade própria, responsáveis pelo próprio caminho. Poderemos, é claro, sugerir, aconselhar (se formos solicitados), auxiliar no que for possível, mas jamais violentar as consciências. Todas merecem respeito.

O tema suscita muitos debates, abre perspectivas imensas de estudo. Observa-se que as próprias leis humanas, refletindo as imperfeições do estágio evolutivo do planeta, muitas vezes são equivocadas, gerando também consequências para o futuro. O que se observa atualmente é fruto de toda essa inconsciência coletiva dos mecanismos que nos dirigem a vida.

Há que se pensar no que estamos fazendo. Já não somos mais seres tão ingênuos que desconhecem as Leis Morais. Estamos todos no caminho evolutivo, em que os direitos são iguais. Tais direitos, abrangentes, devem ser respeitados pela igualdade e pela justiça.

Justamente pelo desrespeito a tais princípios de igualdade e justiça é que se observam os efeitos na vida material e na vida espiritual, com os depoimentos que os próprios Espíritos trazem do estado em que se encontram, em virtude do padrão moral que adotaram no relacionamento uns com os outros ou consigo mesmos.

O próprio *O Céu e o Inferno* traz depoimentos, em sua *segunda parte*, de diferentes Espíritos que descrevem a situação em que se encontraram após a morte. Mas a questão não é apenas para depois da morte. Há que se considerar a própria existência física, atual ou futura(s), quando os mesmos reflexos se farão sentir.

Será de muita utilidade que estudemos e debatamos os itens do *Código Penal da Vida Futura*, constante do livro em referência, para espalhar tais esclarecimentos. Mesmo os depoimentos constantes da citada obra são de grande utilidade para estudos e reflexões.

São princípios desconhecidos da maioria dos Espíritos encarnados no planeta, embora a *consciência, onde está escrita a Lei de Deus*[1], avise-os de seus equívocos. Sufocados pelas imperfeições morais do orgulho, do egoísmo, da vaidade, ainda nos permitimos sufocar a própria consciência e agimos em detrimento uns dos outros. Daí as consequências inevitáveis e os sofrimentos...

Em tudo, porém, é preciso sempre considerar a misericórdia de Deus, que nunca abandona Seus filhos e lhes abre, sem cessar, novas oportunidades de progresso. O tema é extenso, pois poderemos adentrar os domínios do arrependimento, expiação e reparação, mas desejamos mesmo é sugerir a leitura atenta do *Código* constante de *O Céu e o Inferno*. Os itens enumerados, todos eles, abrem perspectivas imensas de entendimento e esclarecimento, o que seria impossível num artigo de poucas linhas. Melhor mesmo é buscar, na fonte original, a lucidez e a clareza da própria Doutrina.

Para concluir, gostaríamos de oferecer à reflexão do leitor a frase de Joanna de Ângelis, na psicografia de Divaldo Pereira Franco, constante do capítulo 38 – *A glória do trabalho* –, do livro *Lampadário Espírita*: *No lugar em que te encontras, sempre poderás semear a luz da esperança e do amor*. Eis um programa de ação para modificar os panoramas da vida humana. Basta nos situarmos no esforço do bem para gerar efeitos salutares de felicidade e saúde.

Se usarmos esse roteiro nas atitudes de cada dia, pronto! Estaremos sintonizados com o bem, gerando efeitos de amor e alegria. Simples consequência da *lei de ação e reação*.

---

[1] Questão 621 de *O Livro dos Espíritos*, IDE Editora.

Capítulo 15

É DESSA OU DE OUTRA?

"Martinho chorava copiosamente, acabara de receber a notícia de que estava com câncer no pulmão. Por que isso foi acontecer justamente com ele? A revolta começou a senhorear seus pensamentos. Será que Deus existe realmente? Se existe, por que há tanta injustiça no mundo? Por que, muitas vezes, pessoas boas sofrem? Por que há tantas doenças que devastam vidas? Lembrou-se de seu amigo Carlos, que sempre lhe falava que nossos sofrimentos podem ser decorrentes de faltas cometidas em existências pretéritas e que no mundo não há injustiçados. Seria mesmo verdade? Foi ao encontro de Carlos, precisava ouvir mais sobre o assunto. Queria saber os motivos que fizeram a enfermidade o visitar. Quando solicitado, Carlos prontamente lhe respondeu:

– *Martinho, nossa vida é contínua, podemos certamente corrigir alguns equívocos de existências pretéritas, no entanto, creio que, no seu caso, a dívida é dessa existência mesmo, e digo isso baseado em suas atitudes. Não podemos esquecer que você é fumante há mais de 40 anos e o vício foi providencial para o aparecimento da doença. A Lei Divina é incorruptível, todo mal que fazemos a nós ou ao próximo carece de reparação.*

Veja, quanto mais sabemos, quanto mais consciência temos das Leis da Vida, mais responsáveis somos, a Providência Divina não cobra lições que ainda não aprendemos, tudo no universo caminha para a harmonia, e essa enfermidade sinalizou que você anda em desarmonia com a Lei.

No entanto, o Pai não abandona Seus filhos, as penas não são eternas e não têm tempo predeterminado para acabar, podemos abreviá-las com o exercício no campo da fraternidade, podemos amenizá-las cultivando uma postura serena e de confiança em Deus; a revolta e o inconformismo só maximizam nosso sofrimento.

Para que o padecimento físico ou moral deixe de nos visitar com sua dolorosa presença, se faz necessário nosso empenho por modificar atitudes desregradas e pensamentos tortuosos.

Prossiga, meu amigo, a vida continua e lhe dará infinitas chances para que se restabeleça!"

Chateado, Martinho lembrou-se de que não dera atenção aos conselhos do médico, que sempre lhe previnira quanto aos malefícios do tabaco. Refletiu em torno das considerações do amigo e concluiu que o único culpado de toda a situação era ele mesmo, não adiantava blasfemar, o melhor a fazer era consertar os prejuízos do próprio equívoco. Agradeceu e partiu com um pouco mais de esperança no seu dorido, mas agora desperto, coração!"

A clara crônica do escritor Wellington Balbo[1] remete-nos aos itens 9 a 13 do *Código Penal da Vida Futura*, expressos no livro *O Céu e o Inferno*. No caso em questão, referidos itens do capítulo VII nos remetem diretamente à questão da responsabilidade. Somos nós mesmos os responsáveis pelo que nos ocorre. É como destaca o Codificador no item 13: *O Espírito é, assim, sempre, o árbitro da sua própria sorte; pode prolongar os seus sofrimentos pelo seu endurecimento no mal, abrandá-los ou abreviá-los por seus esforços para fazer o bem.* Ora, esse "bem" é abrangente, pois inclui a nós mesmos no respeito ao próprio corpo, no esforço pela melhoria moral, como bem ensina o Espiritismo.

E como bem explica o item 10, nem tudo fica para a próxima encarnação ou estamos nesta sofrendo as consequências do passado. Muitas dificuldades, limitações e sofrimentos se originam da imprudência ou da invigilância também do presente. O grande detalhe é que não são várias vidas; é a mesma vida desdobrada em várias existências, ficando, portanto, o caráter de solidariedade, de ligação entre as várias experiências de um mesmo ser.

É preciso, pois, prestar atenção. Sugerimos, com ênfase, a leitura dos referidos itens.

---

[1] Wellington é autor do livro *Lições da História Humana*.

Capítulo 16

DEFICIÊNCIA VISUAL

Recente estudo do capítulo VIII, em seu item 20, de *O Evangelho Segundo o Espiritismo*, em que o Codificador colocou mensagem assinada pelo Espírito Vianney (ditada em Paris em 1863), abriu perspectiva de análise da deficiência visual. A mensagem selecionada foi dada a propósito de uma pessoa cega e aborda interessantes tópicos, cujo texto integral recomendamos os leitores.

O estudo propiciou conhecer um pouco mais sobre a privação da visão, que pode ser congênita (a pessoa nasce assim) ou ocorrer por perda parcial ou total, transitória ou permanente (por lesão ou ainda por consequência de doenças, traumas e outras). Nesse estudo, ficamos sabendo que, em 1784, surgiu a primeira escola para educação de cegos, visando à integração social. Foi fundada por Valentim Hauy, considerado o "Pai da educação para cegos". Já o alfabeto braile (escrita em relevo com leitura pelo tato) foi criado por Louis Braille, que ficou cego aos 3 anos de idade.

Sob o ponto de vista espírita, a privação da visão pode ser enquadrada como expiação (reparação de mal em infração cometida contra as leis divinas), que pode ser voluntária ou compulsória, ou prova (meio de pôr à prova – testar aprendizado). Porém, como não temos conhecimento completo do histórico, não podemos classificar se cada caso se enquadra como prova ou expiação, pois há casos de ***aparentes expiações***, em que seres mutilados, surdos-mudos, cegos, paralisados, etc, escolheram essas situações para lecionar coragem e/ou conforto moral aos parceiros de convivência. Nos dois casos, porém, poderá haver dedicação, renúncia, sacrifício, desprendimento em favor de outros. Jesus, por exemplo, ***não se enquadra*** nem como prova nem como expiação. Interessante que a expiação serve sempre de prova, mas a prova nem sempre é expiação. A expiação é o resultado de um mal praticado e vai proporcionar experiência. A prova visa testar aprendizado e pode se enquadrar em renúncia pessoal em favor de terceiros.

Mas o trecho em destaque revela a questão das causas da cegueira em situações de expiação, situando os cegos do corpo como os *bem-aventurados da expiação*. Isso porque há uma tendência humana, natural, em usar o olho como motivo de escândalo (para a inveja e outros males) e os privados da visão vivem mais a vida da alma – pelas dificuldades maiores que enfrentam – e se desviam de situações que poderiam comprometer sua vida moral. O olho que vê, se não for conduzido pela moral, é sempre porta aberta para fazer a alma falir. Ressalta o Espírito que a cegueira dos olhos é verdadeira luz do coração. Se a cegueira enquadrar-se como expiação (reparação de mal praticado), pode ser que a vista foi para ele causa de queda. Pode ser também que foi causa da perda da vista de alguém.

Para completar o estudo e não alongar o capítulo, sugerimos consulta às questões 258, 259, 991 e 994 de *O Livro dos Espíritos*. Concluindo, podemos dizer que, pior que a deficiência da vista no corpo, é a cegueira do Espírito, ou seja, a ignorância dos temas do Espírito que tanto sofrimento tem causado à Humanidade. Lembrando a parábola, quando "um cego guia outro cego, ambos não cairão no buraco?", recordamos que a verdade é que o Senhor permite que os sofrimentos nos alcancem, mas também nos proporciona a esperança: "Bem-aventurados os que choram, pois que serão consolados".

Como disse Cairbar, em seu *Parábolas e Ensinos de Jesus*, *O homem que confia e espera em Deus, vê nos sofrimentos o resgate de suas faltas, o meio de se purificar da corrupção! É preciso ter fé, é preciso ter esperança. (...) Do alto do monte, tomado de tristeza pelas desventuras humanas, o Senhor ensinava às multidões os meios de conquistar com o trabalho por que passavam o Reino dos Céus. E a todos recomendava resignação na adversidade, mansidão nas lutas da vida, misericórdia no meio da tirania e higiene de coração para que pudessem ver Deus.*

E de nossa parte, embora tenhamos focado o tema em questão, a abordagem é abrangente para todas as situações da existência, e não exclusivamente à deficiência visual.

Capítulo 17

LENTA E PENOSA CONSTRUÇÃO

O CONHECIDO EPISÓDIO DO ATAQUE INCENDIÁRIO ao ônibus da linha 350, no Rio de Janeiro, que resultou na morte de cinco pessoas, levou o Secretário da Segurança Pública do Estado* da época a afirmar: "O Brasil precisa, com máxima urgência, instaurar um crescimento econômico que gere emprego, justa distribuição de renda e vida digna para todos, para que crianças como essa menina, sem saúde, sem educação e sem rumo, não venham a ser utilizadas por traficantes em atrocidades como o ataque insano às pessoas inocentes que morreram carbonizadas no ônibus".

Na mesma época, o Secretário Estadual da Infância e Juventude comentou: "Será um processo longo. Ela é uma menina sem referenciais e valores. Como os demais internos (...), chegou aqui porque tudo falhou: a família, a sociedade, a igreja, a comunidade e, até mesmo, o Estado".

Ambos se referem à garota de 13 anos, analfabeta,

órfã de pai e mãe, integrada ao tráfico, ainda sem certidão de nascimento, e acusada de participar do ataque.

Sem dúvida, uma grave questão social a nos desafiar, surgindo a extrema necessidade da educação como única forma de alterar o triste panorama. Educação no amplo sentido, inclusive, é óbvio, de integração social, cuidados e tudo o mais que se integra ao longo e complexo processo de direcionamento moral de todos nós, como bem ensina a Doutrina Espírita.

Isso nos remete à lembrança sobre a esperada implantação do Reino de Deus no planeta, conforme referências fornecidas por Jesus, o Mestre da Humanidade. Ora, tal reino é um estado de paz (individual e coletiva), de harmonia e entendimento nos relacionamentos humanos, excluída a violência em sua origem e desdobramentos.

As várias citações de Jesus sobre o Reino dos Céus, sua conquista, origem e mesmo localização no interior de cada criatura levam-nos às valiosas observações do notável escritor Hermínio Miranda, constantes do livro *Cristianismo, a Mensagem Esquecida*, no capítulo 12 (item II), que nos permitimos transcrever parcialmente:

> *(...) O caminho para o Reino de Deus não é largo, amplo é fácil (...). O instrumento para sua realização é o amor a Deus e ao próximo, tanto quanto a si mesmo, um amor total, universal, paradoxalmente uma extensão modificada do egoísmo, uma transcendência, uma sublimação do egoísmo, pois, amando aos outros tanto quanto amamos a nós mesmos, estaremos doando o máximo, em termos humanos, tão poderosa é a força da*

autoestima em nós. (...) Em verdade, o que propunha Jesus com a imagem do Reino de Deus? Era a implantação de uma nova ordem, de um novo conceito de vida e de relacionamento entre os seres humanos. A partir do momento em que nos integrarmos, de fato, na convicção de que **é do nosso interesse pessoal obedecer às Leis Divinas**, *estaremos seguindo no rumo da correnteza da vida, e não tentando o desesperado e irracional esforço de remontá-la (...)* **Observadas as leis criadas pela sabedoria infinita, estaremos vivendo em nós o Reino de Deus** *(...) Jesus enfatizou com Suas palavras, demonstrou com Sua vida e selou com a Sua morte a ideia de que o Reino de Deus não seria um novo regime político-social implantado a força de decretos e editos, pela dinâmica de uma intervenção messiânica movida por impulso de vontade alheia. Era e é, ao contrário,* **uma revolução íntima, uma reforma pessoal,** *condição que cada um terá de criar* **dentro de si mesmo e, em seguida, nas correspondentes estruturas políticas, sociais, econômicas e, principalmente, éticas do mundo** *(...) O Reino de Deus não é, pois, uma dádiva graciosa, um regime político mundano a ser implantado em breve, mas a* **resultante da lenta e penosa montagem de um sistema íntimo de pureza, retidão e de amor.** *(...) O Reino de Deus fica sempre do outro lado das renúncias, além de muitas aflições e dores, de pequeninas conquistas, que se somam umas às outras, de lutas íntimas desenroladas no correr dos milênios. (...)* **O tempo de sua realização depende de cada um, do esforço que fizer, das renúncias que** *aceitar, das batalhas que vencer na sua própria intimidade. (...).*

Notável, não é, leitor? Afinal, a violência do mundo apenas reflete a violência que ainda carregamos interiormente. O egoísmo coletivo, somado às carências individuais (em todos os sentidos), produz o que estamos vivendo. Por isso, permito-me, para concluir, transcrever novamente pequeno trecho do raciocínio: **uma revolução íntima, uma reforma pessoal,** *condição que cada um terá de criar* **dentro de si mesmo e, em seguida, nas correspondentes estruturas políticas, sociais, econômicas e, principalmente, éticas do mundo.**

Eis o que temos que fazer individualmente, e não à força de decretos e leis.

Desafio complexo, sem dúvida, mas a única saída para implantarmos no planeta o esperado Reino de Deus, onde a paz, a concórdia, a tolerância, a solidariedade e o amor podem vencer essas tragédias do cotidiano. Felizmente, as autoridades constituídas começam a perceber isso. Mas a tarefa é individual. Não há outro jeito. O resultado coletivo do esforço individual será, sem dúvida, o fator determinante das mudanças esperadas.

---

*Conforme site www.ssp.rj.gov.br.

Capítulo 18

MELHORAR PARA SOFRER MENOS

É ÓBVIO QUE NINGUÉM QUER SOFRER. Consideremos, entretanto, que o sofrimento ainda é inerente à nossa condição. Como? Então, ele vai deixar de nos importunar? Sim, quando o merecermos. Essa conquista depende de nós mesmos.

Sofremos porque ainda somos teimosos. Exageramos nos desejos e nas desculpas, acumulamos lixo mental e guardamos ressentimentos; acomodamo-nos na inércia ou nos perdemos nas precipitações. Por outro lado, tentamos dominar outras consciências e ficamos aborrecidos com os fracassos nessas tentativas, como se fôssemos donos da verdade... Entretanto, essas situações todas apenas refletem vaidade, orgulho ferido, feroz egoísmo, medos, inseguranças ou traumas. Fruto da inexperiência; caminho de aprendizado.

A receita da felicidade, contudo, já está conosco. Jesus

trouxe-a pessoalmente ao ensinar que fizéssemos ao próximo tudo o que desejaríamos para nós mesmos. Ou como nos mandamentos de amar a Deus e ao próximo como a si mesmo.

O que faz sofrer é a rebeldia em aceitar que somos todos iguais e que, portanto, a ninguém cabe o direito de desrespeitar a vontade e a liberdade alheias, exceto por força da lei, ainda que humana. Na verdade, que direito temos de interferir na vida alheia? Quando agimos nesse sentido, as consequências só podem mesmo ser algum tipo de sofrimento ou aflição. E, no mesmo sentido, a orientação cabe com relação a si próprio, pois abusos e desrespeitos a si mesmo também trazem efeitos que podem ser aflitivos.

Portanto, para ser mais feliz e ir, gradativamente, diminuindo os motivos de sofrimento, é preciso melhorar-se o quanto mais. Sim, melhorar no comportamento, nas ações, nos pensamentos, na convivência, no relacionamento. Dentro e fora de casa.

Agindo com equilíbrio, ou pelo menos esforçando-nos para isso, onde quer que estejamos, estaremos reduzindo as causas de sofrimentos, no presente e no futuro. Quanto ao passado, aos poucos vamos reparando, pois isso também é necessário.

O caminho é, pois, melhorar. Em todos os sentidos. Aprender mais, de maneira permanente; autoanalisar-se para verificar os pontos em que já podemos nos disciplinar; solidarizar-se pelas boas causas em favor de nossos irmãos de caminhada; confiar em Deus e prosseguir realizando o melhor ao nosso alcance. Com isso, seremos mais felizes.

Pois é exatamente isso que a reencarnação promove: o acúmulo de experiências, o aprimoramento moral, o crescimento intelectual, a saúde do equilíbrio, a conquista da serenidade. Basta observamos que somente com a vivência das experiências é que aprendemos a viver. Elas nos amadurecem ao longo das décadas de vida no planeta. Se isso já acontece com a vida física de algumas décadas num corpo carnal, que dizer para a vida da alma?

Capítulo 19

ESQUEÇA ESSA IDEIA

Meu caro leitor, se você é daquelas pessoas que está enfrentando difícil fase de sua existência, com escassez de recursos financeiros, enfermidades ou complexos desafios pessoais (na vida familiar ou não) e está se sentindo muito abatido, gostaria de convidá-lo a uma grave reflexão.

Temos visto a ocorrência triste e dramática daqueles que se lançam ao suicídio, das mais variadas maneiras. A ideia surge, é alimentada pelo agravamento dos problemas do cotidiano e concretiza-se no ato infeliz do autoextermínio.

Diante de possíveis angústias e estados depressivos, não há outro remédio senão a calma, a paciência e a confiança na vida, que sempre nos reserva o melhor ou o que temos necessidade de enfrentar para aprender. Ações precipitadas, suicídio e atos insanos são praticados devido ao desespero que atinge muitas pessoas que não conseguem enxergar os benefícios que as cercam de todos os lados.

Mas é interessante ressaltar que esses estados de alma, de desalento, de angústias, de atribulações de toda ordem não são casos isolados. Eles integram a vida humana. Milhões de pessoas, em todo o mundo, lutam com esses enigmas como alunos que *quebram a cabeça* tentando resolver exercícios de física ou matemática. Mas até uma criança sabe que o problema de aparência insolúvel não se resolverá rasgando o caderno ou fugindo da sala de aula.

Sim, a comparação é notável. Destruir o próprio corpo, a própria vida, como aparente solução, é uma decisão absurda. Vejamos os problemas como autênticos desafios de aprendizado, nunca como castigos ou questões insuperáveis. Tudo tem uma solução, ainda que difícil ou demorada.

Desejamos afirmar que o suicídio, ao invés de resolver problemas, precipita seu próprio autor em abismos agravados de dificuldades e tormento, em que o remorso e a angústia superlativos são milhares de vezes piores que o motivo que o levou ao ato extremo. Aos que desejarem aprofundar o tema, sugerimos consulta às questões 943 a 957 de *O Livro dos Espíritos*.

O fato, porém, é que precisamos sempre resistir aos embates do cotidiano com muita coragem e determinação. Viver é algo extraordinário. Tudo, mas tudo mesmo, passa. Para que entregar-se ao desespero? Há razões de sobra para sorrir, rir e viver!

Meu amigo, minha amiga, pense no tesouro que é a sua vida, a vida da sua família! Jamais se deixe enganar pela ilusão do suicídio. Viva! Viva intensamente! Com alegria! Que não o perturbe nem a dificuldade, nem a enfermidade, nem a carência material. Confie, meu caro, e prossiga!

Capítulo 20

FOLHA AMASSADA

EXPERIMENTE PEGAR UMA FOLHA DE PAPEL SULFITE. Movimente-a com as mãos, intensamente. O barulho é bem perceptível. Imagine centenas, milhares de pessoas igualmente balançando as folhas, ao mesmo tempo. O barulho será mais intenso.

É o que está acontecendo com a humanidade. Estamos todos nos debatendo nas agonias da insegurança, nos desafios imensos, diários, das decisões; estamos todos fazendo muito barulho: o da reclamação, da acusação, da maledicência, do inconformismo... Estamos demonstrando nossa rebeldia, nossa teimosia e o quanto somos aprendizes indisciplinados. E há ainda o barulho da inveja, do ciúme, da vaidade, da disputa de poder.

Estamos mesmo todos fazendo muito barulho.

Já está na hora de assumirmos o controle da própria vida, libertando-nos de correntes e pesos desnecessários; de termos a coragem de assumir responsabilidade pelo que somos e fazemos! Sem ilusões ou comodismos.

Então, simbolicamente, pensando neste "assumir da própria vida", procure amassar a folha de papel que você segura na mão. Amasse-a inteiramente até que fique totalmente presa, fechada em seus dedos, sem que alguém possa ver a folha dentro da mão.

Agora, desamasse a folha. O papel ficou totalmente danificado, sem condições de uso. No entanto, assumimos a direção, o controle de nossa própria responsabilidade.

Agora, com a folha aberta, desamassada, balance-a novamente. Ela não fará barulho algum. Apesar das "trombadas" com nós mesmos, assumimos! Que bom! E, melhor, sem produzir tanto barulho externo.

Imagine agora essa providência em toda a sociedade, com cada indivíduo assumindo a própria vida? Haverá mais silêncio interior e exterior, mais serenidade!

Bela dinâmica esta. Presenciei-a numa palestra. Ensina muito. Pode ser usada com crianças ou adultos, em casa, na escola, com amigos e particularmente com nós mesmos. Paremos com tanto barulho externo. Concentremo-nos mais interiormente para sentir o que estamos fazendo da própria vida.

E aprendamos a desenvolver a consciência de que somos responsáveis, sim, por tudo quanto fazemos. E as consequências são inevitáveis, com bônus ou desastres. Depende da opção que escolhemos.

Capítulo 21

PLANTAMOS? COLHEREMOS

HÁ PESSOAS QUE SE SENTEM DESANIMADAS, DESMO-tivadas, tristes. Talvez tenham esquecido de plantar alegrias... Muitas enfrentam a solidão, a indiferença; possivelmente esqueceram igualmente de plantar a amizade, o afeto.

Por outro lado, se semearmos agora a intriga, a calúnia, a maledicência, estaremos envolvidos, no futuro, com os efeitos dessa semeadura.

Não tem jeito, é da lei da vida. Plantou, colherá. Não há como ser diferente: uma plantação de milho resultará em milho; uma plantação de bananas resultará em colheita de bananas.

Se na própria agricultura os resultados já são esperados, o mesmo ocorre na vida moral. Vidas sem disciplina, que não possuem alegria, nem afetos, sem respeito, sem trabalho, resultarão em colheitas de amargura e dor.

Até por uma questão de inteligência, é preciso, então, desde agora, começar uma semeadura de coisas boas. No futuro, tais sementes frutificarão em resultados de felicidade e harmonia.

Essa plantação está em tudo. Iniciemos por procurar falar apenas frases construtivas, a calar o palavrão. Esforcemo-nos por sufocar o pessimismo, a calúnia, retirando-os do comportamento. Deixemos de lado a tristeza, a mágoa, a esperteza que prejudica terceiros. Igualmente, procuremos ser mais gentis, mais atenciosos e bondosos, fraternos e participativos.

Essas atitudes, esse treino de mudança no comportamento, resultarão em colheitas de harmonia, paz e felicidade no futuro, que, inclusive, poderá ser breve. Basta investir moralmente no bem, na harmonia, na serenidade.

Não tem jeito, é da lei da vida. Tudo que plantarmos, colheremos.

Observemos a vida como está hoje. Que tipo de colheita estamos fazendo? É de dificuldades, tristezas, relacionamentos difíceis, limitações, carências? Possivelmente semeamos isso ao redor dos próprios passos. Estamos colhendo...

Já que desejamos colher progresso e recursos para vivermos em harmonia e serenidade, iniciemos desde já a semeadura.

Alguém perguntaria: mas onde? Como iniciar?

É principalmente nos relacionamentos. A vida devolve o que damos. Estamos oferecendo calúnia, desprezo, indiferença, orgulho, egoísmo? Colheremos os frutos dessa equivocada semeadura.

Desejamos paz, respeito, amor? Plantemos a amizade, a simpatia, a cordialidade...

Simples, não?

Fazer o bem, respeitar, amar. Trabalhar, participar, instruir-se, disciplinar-se.

É de nosso próprio interesse agir nessa direção. Os maiores beneficiados seremos nós mesmos.

A vida é inteligente, bondosa, carinhosa. E até ensina a viver.

Capítulo 22

PLURALIDADE DAS EXISTÊNCIAS

A PLURALIDADE DAS EXISTÊNCIAS É UM DOS PRINCÍpios básicos do Espiritismo. Podemos dizer que é um dos pilares de sustentação do corpo doutrinário das ideias espíritas. Os demais são: a) Existência de Deus; b) Pluralidade dos Mundos Habitados; c) Comunicabilidade dos Espíritos; d) Imortalidade da Alma. Acrescente-se ainda o embasamento no Evangelho de Jesus e a Lei de Ação e Reação, e, óbvio, a Evolução decorrente do princípio que ora destacamos.

Detenhamo-nos, pois, num deles, justamente esse com o qual nominamos o presente capítulo.

A pluralidade das existências, como o próprio nome indica, significa a ocorrência de numerosas existências corpóreas, ou, para simplificar ainda mais, o que conhecemos pelo nome de reencarnação, ou seja, voltar a encarnar.

Muitos podem perguntar de que maneira isso pode

ocorrer, pois que surge o questionamento sobre o esquecimento das vidas passadas, principal argumento dos que não conseguem aceitar a ideia. Todavia, a ideia da reencarnação, que verdadeiramente é uma Lei de Deus, é simples e grandiosa ao mesmo tempo. Reflitamos juntos, leitores.

Sim, porque ela é tão extraordinária em si mesma que consegue resolver várias questões simultaneamente:

a) Somente a reencarnação consegue explicar a razão de tantos extremos e diferenças encontradas entre as vidas humanas, tanto no aspecto cultural, social como moral;

b) Somente a reencarnação expressa uma ideia de absoluta justiça com misericórdia, de vez que nos faz entender que somos os construtores do próprio destino de felicidade ou angústia, recebendo agora o fruto de nossas ações e esforços, ou negligência, do passado, com o grande benefício do esquecimento para que traumas e culpas, tendências e comportamentos indesejáveis sejam agora removidos e transformados para o bem. A lembrança seria um entrave de difícil remoção, mesmo porque, se recordássemos as próprias ações, também recordaríamos as ações de outras pessoas, o que seria um agravante;

c) Somente a reencarnação preserva os laços de seres que se amam e novamente se encontram para as experiências de progresso e aprendizado, ainda que temporariamente beneficiados pelo esquecimento;

d) Somente a reencarnação é capaz de promover o progresso dos seres, pois que, oportunizando novamente as experiências da vida carnal, estabelece contínuo programa de aprendizado para aquisição de virtudes e desenvolvimento intelectual;

e) Somente a reencarnação, igualmente reaproximando desafetos, consegue atenuar e extinguir as causas e efeitos de graves conflitos de variada origem;

f) Somente a reencarnação, oferecendo ao ser imortal um novo envoltório físico, faz com que nos libertemos de traumas e dificuldades que uma nova existência é capaz de oferecer, justamente pelo esquecimento de experiências amargas de um passado delituoso;

g) Somente ela, a reencarnação, é capaz de explicar as crianças prodígios, as ideias inatas, as habilidades e capacidades não aprendidas na nova encarnação, e mesmo os laços espontâneos de simpatia ou antipatia, ou ainda a origem de deformações de nascimento, de doenças terminais ou sofrimento em crianças que acabaram de nascer;

h) Sim, somente a reencarnação, com sua lógica e coerência, é capaz de explicar, entre tantos outros itens que não terminaríamos de enumerar aqui, lembranças espontâneas, marcas de nascença ou informações surpreendentes de crianças ou adultos sobre outras vidas, e que comprovam com naturalidade que não estamos vivendo na Terra pela primeira vez, mas que somos viajores de um longo processo de aprendizado pelas sucessivas existências carnais.

É natural, todavia, que muita gente sinta tanta dificuldade em entender tal temática, face à educação recebida ou mesmo à resistência normal que todos os seres humanos sentem diante de ideias novas que se lhes apresentem.

A ideia aqui não é convencer. A ideia é apresentar esse pilar básico do pensamento espírita para que os leitores possam refletir conosco sobre as razões da vida humana e suas complexas implicações e desdobramentos.

O melhor caminho é raciocinar. Pensar mesmo.

Por que existem pessoas tão pobres e outras que já nascem na riqueza?

Por que uns são tão inteligentes e outros trazem dificuldades imensas para aprender e mesmo sobreviver?

Por que uns nascem doentes, na miséria, enquanto outros nascem na riqueza e com saúde invejável durante toda a vida?

Por que sortes tão diferentes em ocorrências igualmente tão diferentes, tanto quanto o local e a época de nascimento, a família consanguínea, as habilidades, as tendências e tudo o mais que os leitores quiserem relacionar?

Poderíamos enumerar uma quantidade sem fim de perguntas, mas fiquemos com uma última que represente todas as outras: por que somos tão diferentes?

A resposta parece caminhar com facilidade para o argumento de que viemos de origem diferente, de experiências também diferentes, de oportunidades totalmente sem qualquer semelhança.

Sim, a resposta pode ser essa. Mas por que tais diferenças? Seria um capricho do Criador? Isso não seria antes uma parcialidade de Deus? Mas haveria justiça?

Não seria mais óbvio e claro entender que vivemos inúmeras existências com o propósito de aprendizados contínuos que nos façam merecedores, pelo esforço próprio, da felicidade que vamos conquistando?

Não seria mais claro e lógico perceber que somos capazes de fazer escolhas e que tais escolhas geram consequências? Nunca o castigo, mas consequências...

Nossa, mas que emaranhado!

Sim, é preciso parar para pensar, refletir, raciocinar.

A ideia é simples e grandiosa, mas solicita reflexão para ser compreendida. Negá-la, simplesmente por negá-la, é perder a oportunidade de aprender um tanto mais.

Basicamente, a reencarnação se baseia na justiça. Colhemos o que plantamos, estamos plantando hoje para colher amanhã. A ninguém podemos culpar pelo que passamos e vivemos no presente, senão a nós mesmos.

O assunto, porém, é vasto e comporta mais considerações.

É o que faremos nos capítulos seguintes.

Capítulo 23

EMBASAMENTO DOUTRINÁRIO

Está claro em *O Livro dos Espíritos*:

Questão 166 – A alma que não alcançou a perfeição na vida corpórea, como acaba de depurar-se?
– *Suportando a prova de uma nova existência.*

– A alma passa, pois, por várias existências corporais?
– *Sim, todos nós passamos por várias existências físicas. Os que dizem o contrário, pretendem manter--vos na ignorância em que eles próprios se encontram; manter-vos na ignorância em que eles próprios se encontram; (...)*

Questão 167 – Qual é o objetivo da reencarnação?

– *Expiação, aprimoramento progressivo da Humanidade, sem o que, onde estaria a justiça?*

Questão 169 – O número de encarnações é o mesmo para todos os Espíritos?

– *Não, aquele que caminha depressa se poupa das provas. Todavia, as encarnações sucessivas são sempre muito numerosas, porque o progresso é quase infinito.*

Questão 171 – Sobre o que está baseado o dogma da reencarnação?

– *Sobre a justiça de Deus e a revelação, pois, repetimos sempre: Um bom pai deixa sempre aos seus filhos uma porta aberta ao arrependimento. Não lhe diz a razão que seria injusto privar, para sempre, da felicidade eterna, todos aqueles cujo progresso não dependeu deles mesmos? Não são todos os homens filhos de Deus? (...)*

Leitura atenta às questões acima trazem clareza sobre o assunto. Aliás, Allan Kardec – o Codificador do Espiritismo –, em comentário à resposta da questão 171, acima transcrita parcialmente, acrescenta com sabedoria:

Todos os Espíritos tendem à perfeição, e Deus lhes fornece os meios pelas provas da vida corpórea; mas, em sua justiça, faculta-lhes realizar, em novas existências, **o que não puderam fazer ou concluir numa primeira prova.** *Não estaria de acordo com a equidade, nem com a bondade de Deus, castigar para* *sempre aqueles que encontraram obstáculos ao seu progresso, independentemente da sua vontade, no próprio meio onde foram colocados. (...) A doutrina da reencarnação, isto é, aquela que admite para o homem várias existências sucessivas, é a única que responde à ideia que fazemos da justiça de Deus em relação aos homens colocados em uma condição moral inferior, a única que nos explica o futuro e fundamenta nossas esperanças, pois que nos oferece o meio de resgatar nossos erros através de novas provas. (...)* (destaque do original).

Eis a chave da questão. Nada mais que novas oportunidades oferecidas para que o progresso continue, para que se reparem os equívocos do passado e se construa o futuro com serenidade. Mera questão de justiça.

Deus não nos criou perfeitos, mas estabeleceu em Suas Leis que deveríamos alcançar a perfeição, ainda que relativa, por meio do esforço próprio. Considerando que as oportunidades, os estágios e as situações são diferentes, por várias razões, nada mais justo que se tenham novas oportunidades. Se não fosse assim, seria privilégio, o que não combina com a justiça divina.

Aliás, o pensamento sempre lúcido de Kardec nos convida a raciocinar. No mesmo comentário acima referido, acrescenta o Codificador: *(...) Se acredita na justiça de Deus, não pode esperar, por toda a eternidade, estar em pé de igualdade com aqueles que agiram melhor do que ele. O pensamento de que essa inferioridade não o deserdará para sempre do bem supremo, e que ele poderá superá-la por meio de novos esforços, sustenta-o e lhe reanima a coragem.(...)*

E conclui com sabedoria: *(...) Qual é aquele que, no fim do seu caminho, não lamenta ter adquirido muito tarde uma experiência que não pode mais aproveitar? Essa experiência tardia não ficará perdida; ele a aproveitará numa nova existência.*

Nota-se, com facilidade, o caráter de esperança, fundamentado pelo meio de nos recuperarmos de nossos equívocos e dificuldades, pois que o tempo nos oferece oportunidades renovadas. E como o tempo de vida na Terra é muito curto, nada mais natural que voltemos em novos corpos, pois que, sendo seres imortais – como Espíritos que somos –, a vida é plena de continuidade, e o que somos continua a exigir permanente renovação e aprendizado.

Mas não é só. O fortalecimento dos laços afetivos entre os Espíritos, por meio das diferentes existências, é fato real e marcante. O retorno à vida corpórea é alvo de carinhoso planejamento pelos benfeitores espirituais, o que envolve a escolha de provas, a expiação de faltas no passado, e mesmo as metas para o futuro, sempre visando ao aperfeiçoamento do ser.

Aliás, vale dizer que a temática da escolha das provas é outro empolgante assunto envolvendo a reencarnação e trataremos dela em capítulo específico.

É importante, contudo, que estudemos o assunto com a atenção que ele requer, pois sua análise descortina panoramas intensos da bondade e justiça do Criador, face às oportunidades renovadas de progresso, sempre oferecidas aos filhos, que somos todos nós.

Em *O Livro dos Espíritos*, o capítulo IV – PLURALIDADE DAS EXISTÊNCIAS, constante do livro II, com as perguntas de número 166 a 221, é dedicado exclusivamente a tratar do tema. Com os subtítulos *Da reencarnação - Justiça da reencarnação - Encarnação nos diferentes mundos - Transmigração progressiva - Destino das crianças depois da morte - Sexo nos Espíritos - Parentesco, filiação - Semelhanças físicas e morais - Ideias inatas*, oferece vasto campo de estudo. Como os leitores podem perceber, são temas atraentes que chamam a atenção e merecem, não há dúvida, nossa pesquisa, nossa atenção.

E estamos a cuidar de um único capítulo! Os desdobramentos decorrentes de cada subtítulo acima citado, como o das *Ideias Inatas*, para citar um único exemplo, já constitui, por si só, material de muito estudo, pois como ensinaram os Espíritos, na resposta à questão 218, *(...) os conhecimentos adquiridos em cada existência não se perdem. (...)*. Eis a reencarnação! O Espírito carrega consigo sua bagagem de aquisições morais, intelectuais, emocionais, psicológicas, de habilidades, tendências, rumo à perfeição.

Não posso terminar o capítulo sem esta pérola de Kardec, no comentário à resposta da questão 199 – que trata da interrupção da vida na infância –, em que novamente o conceito e o perfil de justiça da reencarnação se fazem presentes:

Se o homem tivesse uma só existência, e se, depois dessa existência, sua sorte futura fosse fixada para a eternidade, qual seria o mérito da metade da espécie humana que morre em tenra idade para desfrutar, sem esforços, da felicidade eterna, e por qual direito ficaria isenta das condições, frequentemente, tão duras, impostas à outra metade? Uma tal ordem de coisas não estaria de acordo com a justiça de Deus. Pela reencarnação, a igualdade é para todos; o futuro pertence a todos sem exceção e sem favor para ninguém; os que chegam por último não podem culpar senão a si mesmos. O homem deve ter o mérito dos seus atos, como tem a responsabilidade. (...)

Capítulo 24

E AS AFINIDADES?

EIS OUTRA QUESTÃO INTRIGANTE: ANTIPATIAS E SIMpatias naturais. Essas ocorrências tão comuns no relacionamento humano podem ter causa em vidas passadas?

Nosso *O Livro dos Espíritos* tem abordagem específica sobre o assunto. São as perguntas 386 a 391.

É interessante estudá-las, pois poderíamos ensejar uma resposta precipitada:

> 387 – *A simpatia tem sempre por princípio um conhecimento anterior?*

Se levados pela precipitação, podemos querer responder que sim. Mas notemos a coerência da resposta dos Espíritos.

> Resposta: – *Não, dois Espíritos que se compreendem, procuram-se naturalmente sem que tenham se conhecido como homens.*

Notemos que a expressão *Espíritos que se compreendem* não significa que tenham tido contato anterior, embora possam ter tido, mas Espíritos que nutrem afinidades por lutarem pelos mesmos ideais, guardarem as mesmas tendências, terem sintonia de propósitos, mesmo que não se conheçam...

Por outro lado, a questão 386 é notável quanto à afinidade espontânea que se estabelece entre as criaturas.

386 – Dois seres que se conhecem e se amam, podem se encontrar em uma outra existência corporal e se reconhecerem?

Resposta: – *Reconhecer-se, não; mas, ser atraído um para o outro, sim. Frequentemente, essas ligações íntimas fundadas sobre uma afeição sincera, não têm outra causa. Dois seres se aproximam, um do outro, por circunstâncias aparentemente fortuitas, mas que são o fato da atração de dois Espíritos que se procuram na multidão.*

E Kardec insistiu, ampliando a pergunta.

– Não seria mais agradável, para eles, reconhecerem-se?

Resposta: – *Nem sempre; a lembrança de existências passadas teria inconvenientes maiores do que acreditais. Depois da morte, eles se reconhecerão e saberão o tempo que passaram juntos.*

Para evitar mais transcrições, sugiro ao leitor consultar também as demais questões, conforme indicação no início do capítulo, para inteirar-se igualmente das questões de antipatias.

O fato marcante fica numa afirmação dos Espíritos, constante da resposta 388: – *Há, entre os seres pensantes, laços que não conheces ainda..*

E entre tais laços se encontram, naturalmente, os laços de existências passadas, em que os mesmos seres já viveram experiências comuns.

Capítulo 25

GENIALIDADE, PRECOCIDADE

Quantos casos não há, na história humana, de gênios, crianças prodígio, precocidades intelectuais, tendências de toda espécie manifestadas desde a mais tenra idade?

Como esquecer gênios da música, desde muito pequenos, talentos e habilidades manifestadas desde a primeira infância? Mozart, Beethoven, entre os músicos clássicos, por exemplo, é óbvio. E não é só na música, mas em todas as áreas de atuação e atividades.

Genialidade também nos esportes, na literatura, nas artes em geral; precocidade na publicação de livros, em formação acadêmica, no intelecto, na oratória...

Por outro lado, precocidade também nas dificuldades, nas limitações, nas carências. Tendências claras em determinadas profissões, em preferências diversas, simpatia ou antipatia espontânea entre os seres; habilidades inesperadas, recordações de situações totalmente inusitadas...

Pois tudo isso são indícios de preexistência da alma ou arquivos de outras existências que ora despontam na forma de lembranças, precocidades ou genialidades.

Isso nada mais significa do que experiências já vividas, habilidades adquiridas pelo exercício ou pela prática, bagagens acumuladas.

Alguém poderia perguntar por que isso ocorre com alguns e não ocorre com outros. Não é difícil responder. Ocorre que as experiências de cada um são únicas e, recordar ou não, trazer ou não à tona habilidades do passado e outras ocorrências envolvendo a questão que ora analisamos, decorre de uma série de circunstâncias específicas de cada alma. Não podemos apresentar uma referência única. Cada caso é um caso e atende às necessidades e programa do Espírito envolvido com a questão, que leva em conta seu próprio progresso e a influência que pode exercer em sua época e no meio em que vive.

Lembrar ou não é um detalhe. O que mais importa é que todos estamos num gigantesco processo de aprendizado. Os que recordam ou recuperam bagagens de outras vivências têm lá sua razão para isso. Existe um objetivo para tudo isso e que nem sempre é de nosso conhecimento ou de utilidade ser revelado.

O que é real é que as experiências se acumulam. Alguns progridem mais em determinada área de conhecimento e podem demonstrar isso com recordações claras ou precocidade a olhos vistos. Outros podem deter conhecimentos também, mas seu programa encarnatório atual não prevê a utilização de tal bagagem. Por razões várias, escapa-nos uma análise mais profunda.

Não devemos nos impressionar com gênios ou com precocidades de qualquer ordem. Cada Espírito está num patamar de progresso e consciência. Isso determina as tão diferentes manifestações da alma humana, levando à questão das ideias inatas. A questão 218 esclarece com propriedade o assunto:

> 218 – O Espírito encarnado conserva algum traço das percepções que teve e dos conhecimentos que adquiriu nas suas existências anteriores?
> – *Resta-lhe uma vaga lembrança, que lhe dá o que se chama de ideias inatas.*
> – A teoria das ideias inatas não é, pois, uma quimera?
> – *Não, os conhecimentos adquiridos em cada existência não se perdem. Libertado da matéria, o Espírito os conserva. Durante a encarnação, ele pode esquecê-los em parte momentaneamente, mas a intuição que deles guarda ajuda o seu adiantamento. Sem isso, deveria sempre recomeçar. O Espírito parte, em cada nova existência, do ponto em que chegou na existência anterior.*

Destacamos, em negrito, dois trechos da resposta, propositadamente. Justamente para pensarmos nas crianças prodígio e na genialidade precoce que em tantas se manifesta com a maior naturalidade.

Nada mais que a bagagem do Espírito...

Capítulo 26

E AS PERVERSIDADES?

SIM, AS PERVERSIDADES EM CRIANÇAS OU EM ADULtos – cujos comportamentos contrastam com os hábitos civilizados – encontram também resposta clara na reencarnação, pois, afinal, os comportamentos refletem os estágios alcançados pelos Espíritos encarnados e desencarnados. No caso dos encarnados, temos essa avalanche de perversidades, imoralidades e mesmo crueldades que assustam a vida social. No caso dos desencarnados, a abordagem abre outras perspectivas. Por isso encaminho os leitores ao livro *Espíritos – Quem são? Onde estão? O que fazem? Por que nos procuram?*, de minha autoria. Sugiro, inclusive, os capítulos *V – Trabalhos encomendados*, *XV – Afaste os maus espíritos*, *XVI – Alicerces da obsessão*, *XXXIII – Mas como eles nos influenciam?* E *XXXVI – Consultório do Além* da citada obra.

Busco, novamente, a clareza de Kardec no comentário apresentado à resposta da questão 199 de *O Livro dos Espíri-*

tos – que trata da interrupção da vida na infância –, de onde transcrevo da parte final:

> *(...) Não se veem crianças dotadas dos piores instintos em idade na qual a educação não pôde, ainda, exercer sua influência? Algumas não há que parecem trazer, no berço, a astúcia, a felonia, a perfídia, o instinto mesmo para o roubo e o homicídio, não obstante os bons exemplos dados pelos que com ela convivem? A lei civil as absolve de suas ações porque, diz ela, não agem com discernimento, e tem razão porque, com efeito, elas agem mais instintivamente que pela própria vontade. Mas de onde podem provir esses instintos tão diferentes em crianças da mesma idade, educadas nas mesmas condições e submetidas às mesmas influências? De onde vem essa perversidade precoce, senão da inferioridade do Espírito, uma vez que a educação não contribuiu para isso? As que são viciadas é porque seu Espírito progrediu menos e, então, sofrem as consequências, não por seus atos de crianças, mas por aqueles de suas existências anteriores. É, assim, que a lei é a mesma para todos, e a justiça de Deus alcança todo mundo.*

Notem os leitores que o trecho parcial do comentário do Codificador abre um outro ângulo da temática.

A reencarnação visa a promover o progresso e baseia-se na justiça. Portanto, estão submetidos a ela todos os Espíritos em estágios de evolução que ainda exigem referido mecanismo. Aqueles que ainda abrigam dentro de si a perversidade moral também reencarnam e refletem isso na encarnação. Mas como estamos todos em processo de aprendizado, é fase passageira que será superada pelas experiências educativas.

No caso de crueldades e perversidades rechaçadas pela civilização, precisamos entender que se trata de almas ainda bastante inferiorizadas e necessitadas do contrapeso da educação para que reformulem o próprio caráter. Afinal, é como indica a resposta dos Espíritos à questão 179 de *O Livro dos Espíritos*: *(...) é como ocorre sobre a Terra: existem os mais e os menos avançados..*

E é importante entender bem esse ângulo da questão porque a perversidade não está no corpo, seja ele infantil ou adulto, mas na alma que o habita, refletindo o estágio moral já alcançado pelo Espírito. Isso evita os equívocos de considerar que membros de uma mesma família possuam idêntica índole. Na verdade, é o Espírito que dá as qualidades ao comportamento do indivíduo, seja na vida familiar, seja na social.

E o planeta, por ser ainda bastante inferior, abriga, em sua população encarnada e desencarnada, um número grande e variável de estágios morais para que, no intercâmbio de culturas e experiências, aprendamos uns com os outros.

Os que já aprenderam um pouco ajudam os que estão no início do aprendizado; estes aprendem com os exemplos daqueles; aqueloutros têm oportunidade de aprimorar a paciência, a tolerância e a fraternidade com irmãos em dificuldades iniciais.

Interessante notar, todavia, que muitos optam pela

estrada da rebeldia, agravando a própria situação. Nem sempre é fácil o aprendizado, pois, muitas vezes, há resistência do aprendiz, que resvala para a teimosia, para o crime, gerando para si mesmo padecimentos no futuro, como consequências de suas opções e atitudes. É quando surge a expiação.

Aliás, o tema de provas e expiações abordamos em capítulo específico. Todavia, vale recordar a resposta do Espírito Emmanuel, por meio de Chico Xavier, exposta na questão 246 do livro *O Consolador*:

246 – Qual a diferença entre provação e expiação?

Resposta: – A provação é a luta que ensina ao discípulo rebelde e preguiçoso a estrada do trabalho e da edificação espiritual. A expiação é a pena imposta ao malfeitor que comete um crime.

Notem a expressão: *provação é a luta*. A provação é o desafio de crescimento, já a expiação *é pena*, sempre como consequência das opções que agridem as amorosas Leis que determinam o amor como parâmetro de comportamento nas relações entre os filhos de Deus e na conduta perante a vida. Diante das perversidades, das crueldades, surge a expiação como recurso de recuperação dos equívocos praticados.

Novamente, a reencarnação surge como oportunidade de reparo e aprendizado para a consciência com débitos perante si mesma e perante as Leis Divinas. Por isso, é oportuno trazer novamente o pensamento do Espírito

Emmanuel, do mesmo livro citado, em trecho da resposta à questão 248:

> (...) *a alma nem sempre sabe agir em correlação com os bens recebidos do Criador, caindo pelo orgulho e pela vaidade, pela ambição ou pelo egoísmo, quebrando a harmonia divina pela primeira vez e penetrando em experiências penosas, a fim de restabelecer o equilíbrio de sua existência.*

Um estudo do trecho acima nos faz entender com facilidade que nossas precipitações quebram a harmonia da lei estabelecida, gerando consequências que devemos reparar. E aí a justiça se faz acompanhada da misericórdia, por meio da reencarnação, para que tenhamos oportunidade de recuperar o equilíbrio que comprometemos com nossa inexperiência ou má intenção. Na verdade, é todo um processo de aprendizado. O ser está caminhando e utiliza a reencarnação também para reparar os males que produziu.

É um erro, todavia, afirmar que nascemos para "pagar dívidas do passado". Não! Nascemos para progredir, para construir a própria felicidade. No caminho desse progresso, todavia, comprometemo-nos por conta de equívocos, e os reparos se fazem simultaneamente aos estágios de aprendizado, sempre como consequências e nunca como castigo.

É a velha figura da semeadura: somos livres para semear o que desejamos, mas colheremos obrigatoriamente o resultado de nossa semeadura. A vida devolve o que a ela oferecemos. Por isso, é melhor que aprendamos a exercitar a bondade, semeando simpatia e trabalho no bem para colher amanhã o bem que possamos produzir hoje.

Capítulo 27

ENSINO CLARO

NUMA OBRA COM FOCO CLARO E ESPECÍFICO SOBRE A reencarnação, não poderíamos deixar de trazer o mais claro ensino sobre vidas sucessivas: – *Em verdade, em verdade, te digo: quem não nascer de novo não pode ver o Reino de Deus (João 3:3).*

Tais palavras de Jesus, também interpretadas como o nascer de um novo interior, por meio da renovação de atitudes, são a mais clara declaração sobre o constante suceder de experiências evolutivas na carne, em corpos, mundos e época diferentes, para que a alma consiga construir seu próprio edifício pessoal de equilíbrio e evolução real.

É oportuno o comentário do consagrado escritor Hermínio Miranda, em seu livro *Cristianismo: A Mensagem Esquecida* (capítulo V, item 5):

(...) Para transitar da sombra à luz, da angústia à felicidade, do inferno ao céu, ou seja, para construir

o Reino de Deus em nós, não basta o exíguo espaço de uma só existência, nem a prática ritual de alguns sacramentos, posturas e crenças. A fé é a bússola, ela aponta o rumo, mostra o caminho, mas não faz por nós o trabalho que nos compete. (...) O arrependimento é construtivo, por certo, e pode até provocar autêntico renascimento espiritual, como pregam os nossos queridos companheiros protestantes, mas também não basta. Primeiro, que não foi isso que o Cristo quis dizer quando falou em nascer de novo para partilhar o Reino dos Céus; segundo, que a renovação interior, por mais positiva e desejável, pode pôr em ação um programa regenerador realmente notável, mas as leis éticas desrespeitadas pelos erros praticados continuarão a exigir a reparação devida, pois não há ação sem a correspondente reação. A reação ao erro é a dor, tanto quanto a reação à prática do bem é a paz de espírito, que o Cristo preferia denominar Reino de Deus, isto é, a regência do nosso universo interior pelas leis divinas. (...)

E continua o célebre escritor:

(...) De nada serve a confissão, a não ser como desabafo, pois o perdão está implícito nas leis divinas. (...) Quem mais precisa dele não são os puros, e sim os que mais erram. O problema é que o perdão não nos repõe em estado de pureza instantânea por um passe de mágica ou graça divina; ele apenas – e já é muito – nos coloca de novo na trilha e diz: 'Agora você vai e repare o mal que praticou'. E quando não houver mais tempo disponível para a tarefa reparadora, como é que vamos

fazer? Temos de ir para o inferno e lá ficar para sempre? E as oportunidades de correção? (...)

E para não ficarmos em extensas transcrições do notável livro, concluímos por nossa vez, ainda com Hermínio:

(...) É isso, precisamente, a propósito de voltar para um ventre gerador, a fim de nascer de novo, e não em renovar-se espiritualmente pelo arrependimento ou pela aceitação verbal de Jesus. Tais declarações enfáticas e inequívocas conjugam-se com a informação de que João Batista era Elias nascido de novo, em outro corpo e outra vida, com outro nome e personalidade, mas a mesma individualidade espiritual (...)

Desejo, com as transcrições acima, direcionar os leitores para que conheçam a valiosa obra de Hermínio. Com mais de 300 páginas e não só abordando a reencarnação, é obra valiosa para estudo e pesquisa.

O objetivo do presente capítulo, todavia, foi instigar nos leitores, aprofundar, a pesquisa em torno da célebre advertência de Jesus: – *Em verdade, em verdade, te digo: quem não nascer de novo não pode ver o Reino de Deus* (João 3:3).

Justamente para não ficarmos na superficialidade das palavras, mas adentrarmos no espírito da letra, na essência das palavras.

Por outro lado, valemo-nos também do excelente livro *Espiritismo Básico*, de Pedro Franco Barbosa (2ª edição, agosto de 1986, páginas 134 a 143, segunda parte), para destacar importante trecho do subtítulo *Reencarnação*:

(...) O progresso contínuo e incessante é condição inerente do princípio espiritual, o princípio inteligente do Universo; nessa condição, ele deve utilizar, à medida que evolui, corpos físicos cada vez mais aperfeiçoados e aptos, o que determina a evolução das espécies, dentro das coordenadas básicas do transformismo. Compreende-se, assim, que a Evolução não poderia decorrer no limitado espaço de tempo de uma ou algumas vidas humanas, por mais longas que fossem; daí as oportunidades repetidas da reencarnação, que permite ao Espírito milhares e milhares de experiências no corpo físico. Essas vivências vão ampliando, cada vez mais, seu cabedal de conhecimentos, enquanto o Espírito realiza, também, a reforma íntima, a iluminação interior, resgatando, pela dor, ou pelo bem que faça desinteressadamente, os erros do passado. A Lei, compreenda-se, não nos impõe a reencarnação, milhares de vezes, nem as torna dolorosas e difíceis: nós mesmos é que nos impomos essa situação, pela invigilância e pelos atos contrários a ela, que, livremente, praticamos (...)

O raciocínio é claro. Não temos que aceitar porque está escrito, mas temos que raciocinar com imparcialidade para perceber a coerência e a lógica de tais argumentos e da fundamentação básica do princípio da reencarnação.

E mais interessante ainda fica se percebermos que a Lei da Reencarnação não está restrita apenas às considerações do presente capítulo. Ela se amplia às questões de lembranças e recordações, esquecimento, evolução biológica e espiritual do ser humano, recuperação plena de criminosos e delinquentes, fortalecimento dos laços familiares ao invés de seu rompimento, provas coletivas, mortes prematuras, sexualidade, conquistas tecnológicas do planeta, entre outros palpitantes temas.

E mais, a reencarnação é alvo de sérias pesquisas científicas – fora, inclusive, do ambiente espírita – e, claro, seu estudo experimental, que antes se fazia apenas pelo processo de regressão da memória, agora se vale da memória *extracerebral*, como no caso do famoso pesquisador Dr. Ian Stevenson, que já catalogou milhares de casos, alguns dos quais constantes do livro *Vinte casos sugestivos de reencarnação*. Todos como resultado de pesquisa com método científico de coleta de dados e comprovação com documentos e testemunhos dos dados arrolados.

No Brasil, na mesma linha de pesquisa, o Dr. Hernani G. Andrade publicou o igualmente notável livro *Reencarnação no Brasil*, também com casos que sugerem reencarnação, em narrações extraordinárias de dados, pesquisas e comprovações sugerindo o retorno de determinada personalidade do passado em novo corpo para outra experiência no planeta.

Abstenho-me de outras transcrições. Há muito material já publicado disponível e limito-me a indicações ao leitor, mas, para todos os casos, é extraordinário citar aqui a frase esculpida no dólmen de Allan Kardec, no cemitério Père-Lachaise:

"Nascer, viver, morrer, renascer ainda e progredir sempre, tal é a Lei."

Capítulo 28

O CASO TRAZIDO POR ANDRÉ LUIZ

O Espírito André Luiz, por meio da mediunidade de Chico Xavier, na monumental obra *Missionários da Luz*, lançada em 1945 pela Federação Espírita Brasileira, especialmente nos capítulos 12 a 14, apresenta o caso da Reencarnação de Segismundo.

O expressivo e conhecido caso, entre outros em diferentes obras de sua autoria, detalhado pelo autor espiritual, abordando até o planejamento reencarnatório – etapa que antecede todo nascimento –, cuidadosamente elaborado e acompanhado pelos Benfeitores Espirituais e que leva em conta as bagagens do Espírito reencarnante, tanto no campo moral, quanto no intelectual, psicológico e emocional, entre outros fatores, até mesmo genéticos, da hereditariedade fisiológica, das ligações com outros Espíritos, etc.

Ricos em esclarecimentos – aliás, como todo o livro –, os capítulos devem merecer nossa especial atenção, face ao conteúdo doutrinário disponível especialmente voltado ao pleno entendimento da magna questão.

No capítulo 12, por exemplo, página 160 da 14ª edição, de 1981, diz o instrutor de André Luiz, o Espírito Alexandre: *(...) Se já falimos muitas vezes em experiências de autoridade, da riqueza, da beleza física, da inteligência, não seria lógico receber idêntica oportunidade nos trabalhos retificadores. (...)* O instrutor, com sabedoria, referia-se ao ensino de Jesus quando afirmou que, se a nossa mão ou os nossos olhos fossem motivo de escândalo, deveriam ser cortados ao penetrarmos no templo da vida.

A linguagem, embora figurativa, é clara. Uma vez desperdiçadas, ou desprezadas, as oportunidades de aprendizado e progresso, a nova chance vem, mas agora com dificuldades maiores para aprendermos as lições da experiência.

É o que ocorre com as provas solicitadas e planejadas num projeto reencarnatório. O caso de Segismundo é bem indicativo para quem deseja aprofundar o assunto.

O assunto em pauta leva-nos às questões 258 a 273 de *O Livro dos Espíritos*, que tratam da Escolha das Provas, justamente previstas durante o processo de planejamento reencarnatório.

Aí veremos a explicação sobre o alto grau de diferenças e dificuldades encontradas entre as vidas humanas. Tais vidas foram planejadas visando atender aos interesses da alma em progresso. Tais escolhas levam em conta diferentes fatores, como abordado nos parágrafos acima, e sempre considerando as bagagens e perspectivas do Espírito.

É muito importante que os leitores não deixem de ler

e estudar tais questões, pois elas dão a base doutrinária para o entendimento da magna questão das escolhas.

Os Espíritos informam[1]:

a) *Ele próprio escolhe o gênero de provas que quer suportar* [2] *(258);*

b) *(...) Deus, na sua bondade, lhe dá a oportunidade de recomeçar o que foi mal feito (258);*

c) *(...)* **não** *se pode dizer que escolhestes e previstes tudo o que vos acontece no mundo, até as menores coisas; escolhestes o gênero de provas, os detalhes são consequências da vossa posição e, frequentemente, dos vossos próprios atos (259);*

d) *É necessário que ele seja colocado num meio onde possa suportar a prova que pediu (260);*

e) *Deus supre a sua inexperiência traçando-lhe o caminho que deve seguir, como o fazes para uma criança desde o berço. À medida que o seu livre-arbítrio se desenvolve, ele o deixa, pouco a pouco, livre para escolher; é, então, que frequentemente se extravia tomando o mau caminho (262);*

f) *Ele escolhe (as provas) que podem ser para ele uma expiação, segundo a natureza de suas faltas, e o façam avançar mais rapidamente. Alguns se impõem uma vida de misérias e privações para tentar suportá-la com coragem. Outros querem se experimentar nas*

---

[1] Os números entre parênteses indicam a questão de *O Livro dos Espíritos*. Considere o leitor que as transcrições são parciais.

[2] Existem, também, casos de reencarnações compulsórias e, muitas vezes, inconscientes. Nesses casos, a escolha é orientada pelos instrutores espirituais.

tentações da fortuna e do poder (...) Outros, enfim, querem experimentar-se pelas lutas que devem sustentar ao contato do vício (264).

Sobre a temática, é também oportuno indicar ao leitor a leitura integral, com muita atenção, da questão 222 da mesma obra. É o capítulo V do livro II com o título *Considerações sobre a pluralidade das existências*. Não é uma pergunta, mas majestoso texto de Kardec sobre a reencarnação, baseado no ensino dos Espíritos.

É neste extraordinário texto que Kardec pondera:

(...) Se não há reencarnação, não há senão uma existência corporal, isto é evidente. Se nossa atual existência corporal é a única, a alma de cada homem é criada no seu nascimento, a menos que se admita a anterioridade da alma, caso em que se perguntaria o que era a alma antes do seu nascimento e se esse estado não consistiria, de alguma forma, uma existência. Não há meio-termo: ou a alma existia ou não existia antes do corpo; se ela existia antes do corpo, qual era a sua situação? Tinha, ou não, consciência de si mesma? Se não tinha consciência, é como se não existisse. Se tinha sua individualidade, era ela progressiva ou estacionária? Num ou noutro caso, em que grau estava ao tomar o corpo? Admitindo, de acordo com a crença vulgar, que a alma nasce com o corpo ou, o que vem a ser o mesmo, que antes da encarnação ela não tinha senão faculdades negativas, colocamos as seguintes questões: (...)

E aí, com sua habilidade de pesquisador metódico, apresenta uma série de seis perguntas, na sequência do texto, questionando sobre as aptidões tão diversas, independentes da educação, até mesmo em crianças, sobre as ideias inatas e intuitivas, sobre instintos precoces de vícios ou virtudes; sobre sentimentos inatos de dignidade ou baixeza e sobre a existência de selvagens, homens mais avançados uns que outros.

E questiona sobre qual filosofia consegue resolver tais extremos. Apresenta o monumental argumento das vidas sucessivas e progressivas, o que viria a explicar tantas diferenças.[1]

Isso tudo quanto ao passado. E quanto ao futuro? Trazido o mesmo raciocínio e pensando no futuro, ainda vamos nos deparar com outros problemas de difícil explicação. Kardec igualmente enumera cinco questionamentos sobre a posição futura da alma, que se encontra em tão diferentes situações, e decide sua sorte futura com apenas uma existência? Como conciliar isso com a justiça?

E de que valeriam os esforços, inclusive para aquisição de virtudes, trabalhos e dedicações intensas, para resultar num futuro incerto...?

E aquele que praticou o bem terá a mesma destinação de quem com ele não se ocupou? E quem se perdeu no mal, não teria como se recuperar?

E mais ainda: as crianças com morte em tenra idade. Por que um suposto privilégio de estarem entre os eleitos,

---

[1] Nota do Autor – Sugerimos aos leitores o estudo das questões 330 a 360 de *O Livro dos Espíritos*, que abordam a temática do retorno à vida corporal e a união da alma e do corpo.

se não tiveram a oportunidade de viver, antes de fazerem o bem ou mal?

As vidas sucessivas explicam e respondem a todas essas questões. Por isso, é preciso estudar.

Para concluir, transcrevo a expressiva questão 644 de *O Livro dos Espíritos*, para que reflitamos sobre as diferentes condições da vida humana.

– O meio no qual certos homens se encontram colocados, não é, para eles, a fonte primeira de muitos vícios e crimes?

– Sim, mas isso ainda é uma prova escolhida pelo Espírito, em estado de liberdade. Ele quis se expor à tentação para ter o mérito da resistência.

Peço aos leitores para relerem a questão que utilizamos para encerrar o capítulo. Reflitamos sobre a expressiva resposta para entender as provações a que estamos expostos por nossas próprias escolhas, que outro objetivo não tem senão nosso aprimoramento.

Capítulo 29

O CLÁSSICO GABRIEL DELANNE

DELANNE NASCEU NO DIA 23 DE MARÇO DE 1857, exatamente no ano em que Kardec publicava a 1ª edição de *O Livro dos Espíritos*. Seu pai, Alexandre Delanne, era espírita e amicíssimo de Kardec, motivo por que foi ele grandemente influenciado pela ideia. Sua mãe trabalhou como médium, cooperando com o mestre de Lyon na Codificação. Delanne foi um dos maiores propagadores da sobrevivência e comunicabilidade dos Espíritos. Afirma ele: "*A inteligência que se manifesta não emana dos operadores; ela declara ser aquele cujo nome declina. Não vemos por que se obstinaria em negar sua existência. Vamos, agora, acumular as provas da existência dos Espíritos, e elas irão se revestindo de um caráter cada vez mais forte, por forma que nenhuma denegação será capaz de combater a evidência da intervenção dos Espíritos nessas novas manifestações.*" Publicou as obras *O Espiritismo Perante a Ciência, O Fenômeno Espírita, A Evolução Anímica, Pesquisas sobre a Mediunidade, As Aparições Materializadas de Vivos e Mortos* (traduzidas e publicadas), além de outras obras de cunho científico, entre elas a expressiva obra *A Reencarnação*, que foi traduzida por Carlos Imbassahy. Destacamos essa última, em função da temática do livro.

A referida obra, publicada no Brasil em 1937, em 14 capítulos, apresenta minucioso estudo filosófico-científico sobre a pluralidade das existências. Pela grandeza da obra, abstemo-nos de transcrições, sugerindo aos leitores o estudo integral de suas luminosas páginas. Todavia, para motivar referido estudo, citamos os títulos de alguns capítulos:

Capítulo I – *Revista histórica sobre a teoria das vidas sucessivas. Antiguidade da crença nas vidas sucessivas*, inclusive citando grandes filósofos;

Capítulo II – *As bases científicas da reencarnação – As propriedades do perispírito*;

Capítulo VI – *A memória integral. Ensaio de demonstração experimental das vidas sucessivas*;

Capítulo VIII – *A hereditariedade e as crianças prodígios*;

Capitulo IX – *Estudos sobre as reminiscências*;

Capítulo X – *As recordações das vidas anteriores*;

Capítulo XI – *Outros fatos que implicam a lembrança de vidas anteriores. Grandes homens que se lembram de ter vivido anteriormente*;

Capítulo XIII – *Vista de conjunto dos argumentos que militam em favor da reencarnação*;

Capítulo XIV – *Conclusão. A explicação lógica das desigualdades intelectuais e morais.*

Essa referência ao grande Delanne, especialmente ao primeiro capítulo de seu livro – que trata da antiguidade da crença na reencarnação – leva-nos a recordar a Introdução de *O Evangelho Segundo o Espiritismo*, em seu item VI – *Sócrates e Platão, precursores da ideia cristã e do Espiritismo*.

O resumo da doutrina de Sócrates e Platão, colocado por Kardec no referido item da introdução do já citado livro da Codificação, reafirma a ideia reencarnacionista desde a antiguidade.

Basta pensar sobre os itens enumerados na obra de Kardec para perceber os motivos da condenação de Sócrates, numa época de ignorância a tais princípios, que não foram inventados pelo Espiritismo, mas simplesmente já foram percebidos antes pelo grande filósofo, que adiantou o assunto que mais tarde seria organizado por Allan Kardec, na revelação trazida pelos Espíritos.

E já que estamos citando *O Evangelho Segundo o Espiritismo*, é oportuno citar e recomendar aos leitores o capítulo IV da citada obra: *Ninguém pode ver o Reino de Deus se não nascer de novo*. Referido capítulo, abordando as temáticas Ressurreição e Reencarnação, Laços de família fortalecidos pela reencarnação, Limites e Necessidade da encarnação, oferece igualmente vasto campo de estudo da empolgante temática.

Capítulo 30

CHICO, YVONNE, DIVALDO E OUTROS

Esses três médiuns notáveis produziram obras extraordinárias, em que os princípios básicos do Espiritismo são desenvolvidos, explicados e exemplificados com muita clareza. E, sem dúvida, entre tais princípios, o da pluralidade das existências encontra-se fartamente comentado e estudado.

Toda a série clássica dos romances ditados pelo Espírito Emmanuel, *Há 2.000 anos, 50 anos depois, Ave Cristo!, Renúncia* e *Paulo e Estevão*, por si só, traz esclarecimentos incomparáveis sobre esse recurso e a Lei de Deus que visa ao crescimento intelecto-moral do ser e ao progresso da sociedade humana. Isso sem falar nas demais e grandiosas obras produzidas por esse lúcido benfeitor que orientou a mediunidade de Chico. São obras para ler, reler, estudar continuamente, durante toda a vida.

Também a conhecida *Série André Luiz*, com conteúdo para futuro uso em Universidades, aborda os princípios espíritas e, especialmente, o da pluralidade das existências, com muita sabedoria.

Da expressiva quantidade de Espíritos que se utilizaram da mediunidade do *Mineiro do Século*, em mais de 400 obras psicografadas e milhares de mensagens consoladoras e instrutivas, muitos deles trazem a lógica da reencarnação em seus textos, conclamando-nos a estudar mais o tema e aprofundar o assunto para entender melhor a vida.

Igualmente, a médium Yvonne do Amaral Pereira, com seus incomparáveis livros, muitos deles romanceados, trouxe as lições da reencarnação para nos fazer entender esse mecanismo de justiça e progresso, estabelecido pelas Leis Divinas. Os famosos romances *Ressurreição e Vida, Sublimação, Dramas da Obsessão, O Cavaleiro de Numiers, O Drama da Bretanha, Amor e Ódio*, entre outros, traduzem verdadeiras lições da Lei de Causa e Efeito por meio das experiências sucessivas das existências corpóreas. A própria médium falaria, mais tarde, declarando-se uma das personagens de seus próprios livros, em reencarnações passadas por ela.

Entre setembro e dezembro de 1979, a revista *Reformador*, publicada pela Federação Espírita Brasileira, apresentou uma sequência de três relatos da própria médium, com revelações de algumas de suas existências passadas, transformadas no fabuloso livreto *Um caso de reencarnação – eu e Roberto de Canallejas*, editado pela Societo Lorenz, que recomendo ao leitor com muita ênfase.

Por sua vez, quantos relatos e histórias envolvendo

personagens, relatos de recordações e de pesquisas científicas na área da pluralidade das existências, casos e casos de reencarnações, Divaldo Franco, em suas memoráveis conferências, trouxe-nos? E não é só. Seus livros psicografados, especialmente os ditados por Victor Hugo e Manoel Philomeno de Miranda, com dramas e conquistas de vidas anteriores repercutem na vida atual.

É todo um universo de conhecimentos, pesquisas, reflexões e estudos que a clareza e a grandeza do Espiritismo nos propiciam conhecer.

E poderíamos ampliar isso para as valiosas considerações de Léon Denis – esse grande nome da literatura Espírita, contemporâneo de Kardec e considerado um dos clássicos do Espiritismo –, que também, em seus livros, traz toda a lucidez do pensamento espírita. Livros como *O Problema do Ser, do Destino, da Dor, O Grande Enigma* e *Depois da Morte* nos ampliam o entendimento do progresso do Espírito.

Entre os escritores atuais, Richard Simonetti, Therezinha Oliveira e Hermínio Miranda são nomes que não podem ser esquecidos em tais estudos. E, se formos citar na oratória, é impossível esquecer a didática do Prof. Raul Teixeira, sempre admirável na sequência lógica e cativante de seu raciocínio para pensar e refletir conteúdos da Doutrina Espírita.

Em passado recente, Deolindo Amorim, Carlos Imbassahy, Cairbar Schutel, Hernani Andrade, Herculano Pires e outros fazem da literatura Espírita um vasto campo de pesquisa para estudar a pluralidade das existências.

Considere-se, entretanto, que a temática não é exclusiva do ambiente espírita. Em outras crenças, na mídia, na ciência, o assunto está em pauta. Ainda que muitas vezes de forma distorcida, desfigurada, o tema está na mente popular e na cabeça de muitos pesquisadores sérios.

É que já se percebeu que a vida não se resume às aparências. Há muito mais em nossa vida do que imaginamos. E, sem dúvida, a imortalidade e a reencarnação estão entre as razões da felicidade que devemos construir, sem ilusões ou falsas interpretações. Por isso, uma vez mais, o convite ao estudo.

E já que falamos em dramas e consequências, nem sempre ruins, uma consulta ao livro *O Céu e o Inferno* é uma boa dica nessa época de lutas e desafios gigantescos. Especialmente no capítulo VII – *As penas futuras segundo o Espiritismo*, no item *Código Penal da Vida Futura*, determinante para nossa qualidade de vida no mundo espiritual e nas existências futuras que inevitavelmente virão.

Capítulo 31

CINCO ALTERNATIVAS

ALLAN KARDEC PRODUZIU UM TEXTO PRIMOROSO, outra preciosidade, posteriormente incluído em *Obras Póstumas*[1], com o título *As Cinco Alternativas da Humanidade*, para ser estudado como facilitador do entendimento da reencarnação.

Ocorre que o futuro chegará. Se viveremos, como viveremos, onde viveremos, em que condições viveremos? Isso vale individualmente como coletivamente.

Kardec raciocina sobre isso, argumentando sobre as diversas ideias religiosas e filosóficas e opinando que podem reduzir-se a cinco todas as capitais alternativas apresentadas à humanidade para o futuro e que são as que resultam das seguintes doutrinas:

---

[1] Livro publicado em 1890, após a desencarnação do Codificador – ocorrida em 31 de março de 1869 –, com textos produzidos por Kardec, como fruto de seus estudos e anotações.

Materialismo: apresenta o ser humano como propriedade ou produto da matéria. O homem nasce e morre com o organismo. **Nada é antes, nem depois** da vida corporal. Como consequência, os gozos materiais são as únicas coisas reais e desejáveis e as afeições morais ganham o sabor de uma transitoriedade rápida e sem raízes ou projeções para o futuro, que não existe. Com essa doutrina, perdem valor os laços morais, o suicídio passa a ser um fim racional e lógico, com todos os prejuízos decorrentes; ao mesmo tempo, não se pode aguardar atenuantes para o sofrimento em geral, não há interesse também para combate às más tendências. É uma doutrina estimuladora do egoísmo, o bem e o mal se tornam meras convenções e o único freio social é a força material da lei civil. Os deveres sociais ficam sem fundamento e não há qualquer interesse na fraternidade, pois, afinal, todos serão aniquilados. Percebem-se claramente os prejuízos de tão nefasta doutrina.

Panteísta: a alma é extraída, ao nascer, do todo universal, individualiza-se em cada ser durante a vida e volta, por efeito da morte, à massa comum, como se fossem gotas de chuva no oceano. Como comenta Kardec, *(...) Sem individualidade, e sem consciência de si mesmo, o ser é como se não existisse; as consequências morais desta doutrina são exatamente as mesmas que as da doutrina materialista. (...).* Percebem-se com clareza os mesmos prejuízos e será interessante aos leitores relerem o item acima referente ao materialismo.

Deísta: de duas categorias, ou seja, os independentes e os providencialistas. Os primeiros creem em Deus, mas o consideram distante uma vez que, tendo criado as Leis, não se ocupa de mais nada. Desta forma, todos fazem o que querem ou o que podem, pois não há mais qualquer providência do Criador e, por isso, não há o que pedir nem agradecer. Já os providencialistas creem em Deus e na sua intervenção incessante na Criação, mas não admitem o culto exterior e o dogmatismo atual. E pondera Kardec: *(...) Esta crença é resultado do orgulho; é sempre o pensamento de estar submetido a uma força superior que melindra o amor-próprio e da qual procura libertar-se. Ao passo que uns recusam absolutamente essa força, outros consentem em reconhecer a sua existência, mas a condenam à nulidade. (...).*

Dogmática: a alma é criada por ocasião do nascimento do ser, sobrevive e conserva a individualidade após a morte, momento em que tem sua sorte irrevogavelmente determinada, em virtude dos comportamentos adotados. Serão nulos quaisquer progressos ou tentativas de melhora intelecto-moral. Os maus são condenados a castigos perpétuos e inúteis lhes são quaisquer arrependimentos. Já os bons são recompensados com a visão de Deus e a contemplação perene do céu. Existe aí a separação definitiva e absoluta dos condenados e dos chamados eleitos, cuja situação foi conquistada na oportunidade de uma única existência. Essa doutrina deixa várias questões sem respostas, especialmente sobre as disposições inatas, intelectuais e morais, sobre a sorte das crianças e daqueles que não têm consciência de seus atos. Não responde sobre a justiça das misérias e enfermidades de nascença. Também não define sobre qual a sorte dos selvagens, ou indaga com propriedade sobre a razão pela qual Deus cria umas almas mais favorecidas do que outras, entre outros questionamentos. É interessante que o leitor busque referido capítulo de *Obras Póstumas* para inteirar-se do texto completo de Kardec.

Espiritismo: a alma é independente da matéria e, sendo individual, preexiste e sobrevive ao corpo. Com ponto idêntico de partida, todas as almas são criadas simples e ignorantes e sujeitas a progresso indefinido. Não há qualquer privilégio, e o progresso depende do esforço e do livre-arbítrio individual. A vida normal é a vida espiritual, e a vida corporal é estágio temporário, repetido tantas vezes quantas forem necessárias para promover o progresso que conquista a perfeição. Com a Doutrina Espírita, há respostas para todos os questionamentos sobre a situação na vida espiritual, sobre o futuro, sobre as causas das diferenças e dos sofrimentos, bem como dos méritos de cada um.

É interessante aprofundar o assunto, ler o capítulo na íntegra no citado livro. Isso vai facilitar o amplo entendimento da questão sobre as alternativas das ideias presentes na Humanidade para verificar-se a lógica da ideia reencarnacionista.

E o mais interessante é que, no capítulo anterior ao que nos referimos na presente abordagem, no mesmo livro, encontramos o texto *O Caminho da Vida*, que também se refere à reencarnação. Com sólidos argumentos, Allan Kardec elabora uma linha sequencial de raciocínio que muito vai ajudar na compreensão exata do que sejam as existências sucessivas, sua lógica e a aplicabilidade prática ao nosso compromisso de evolução.

Após considerações muito valiosas, que são importantes de serem lidas antes, ele explica:

(...) Tomemos um exemplo: um homem foi assassino e ladrão; disso foi punido, seja na vida corpórea, seja na vida espiritual; arrepende-se e se corrige da primeira tendência, mas não da segunda; na existência seguinte, ele não será senão ladrão; talvez grande ladrão, mas não mais assassino; ainda um passo adiante e ele não será senão pequeno ladrão; um pouco mais tarde, não roubará mais, mas poderá ter a veleidade de roubar, que sua consciência neutralizará; depois um último esforço, e, todo traço da doença moral tendo desaparecido, será um modelo de probidade. Que lhe faz então o que foi? (...) Aplicai este raciocínio a todos os vícios, a todas as manias, e podereis ver como a alma se melhora passando e repassando pela estamenha da encarnação. Deus não é mais justo por ter tornado o homem árbitro de sua própria sorte pelos esforços que pode fazer para se melhorar, do que ter feito a sua alma nascer ao mesmo tempo que seu corpo, e de condená-la a tormentos perpétuos por erros passageiros, sem dar-lhe os meios de se purificar de suas imperfeições? Pela pluralidade das existências, seu futuro está em suas mãos; se leva muito tempo para se melhorar, disso sofre as consequências: é a suprema justiça; mas a esperança jamais lhe é obstruída. (...)

E mais notável ainda é o exemplo, na continuidade do texto no mesmo capítulo, ao comparar a evolução com uma longa estrada, em cuja extensão se encontram, de distância em distância, com intervalos desiguais, florestas que se tem de atravessar, simbolizando as diferentes e sucessivas existências corpóreas.

O viajor segue e adentra a primeira floresta, onde não encontra um caminho aberto e se perde entre as árvores, perde a noção de tempo e espaço, e sofre até encontrar a saída. Mais adiante, e agora mais experiente, adentra a segunda floresta, de onde sai menos contundido. E assim sucessivamente nas diferentes florestas, cada vez com mais experiência acumulada, influindo decisivamente na vida de outros viajantes e alterando, muitas vezes, o panorama das florestas. O viajante está cada vez mais experiente e mais habilidoso com as situações que encontra, podendo ajudar a outros a também encontrar a saída sem tantos arranhões e dificuldades.

O texto é um primor e os personagens inseridos o tornam de fácil compreensão para entendermos essa caminhada que fazemos através das várias existências, compreendendo que Deus estabeleceu leis que nos fazem conquistar a felicidade por méritos próprios.

Para não tornar o capítulo extenso, abstenho-me de transcrições, mas recomendo aos leitores que não percam a oportunidade de refletir demoradamente no raciocínio lógico apresentado por Allan Kardec em *Obras Póstumas*, num capítulo de apenas meia dúzia de páginas, mas de conteúdo extraordinário para continuar entendendo e estudando a reencarnação.

Capítulo 32

MODELO ORGANIZADOR

Iniciemos com Vianna de Carvalho[1]: *(...) a reencarnação tem início no momento da fecundação, a partir de cujo instante o perispírito começa a imprimir, nos genes e cromossomos, os equipamentos de que necessita o Espírito para sua evolução. (...).*

Esse texto está na resposta à questão 44 do livro *Atualidade do Pensamento Espírita*, psicografia de Divaldo Pereira Franco, ditada pelo Espírito Vianna de Carvalho. Servimo-nos da transcrição para abordar a questão do início da reencarnação.

Como se sabe, a reencarnação é a vinda do Espírito para ocupar um novo corpo físico, que se forma a partir

---

[1] Manoel Vianna de Carvalho (1874 – 1926), nascido em Icó (CE), foi engenheiro militar e tornou-se espírita com vinte anos. Foi grande trabalhador espírita, fundou diversos núcleos de estudo e divulgação espírita pelo País, tornou-se destaque na oratória, escreveu muitos artigos e fundou vários periódicos espíritas. Por meio da mediunidade de Divaldo Franco, escreveu vários livros.

da fecundação, quando, então, ocorre a ligação do ser espiritual com o novo corpo, que vai se formar pelo processo biológico.

Todavia, é importante ressaltar que é por meio do perispírito que tal processo se desenvolve, pois é este o modelo organizador do desenvolvimento biológico do ser. As células se reproduzem na formação do novo corpo, mas o modelo organizador está no perispírito.

Recorramos à Codificação, em *O Livro dos Espíritos*:

93 – O Espírito propriamente dito tem alguma cobertura ou está, como pretendem alguns, envolvido numa substância qualquer?

Resposta – *O Espírito está revestido de uma substância vaporosa para os teus olhos, mas ainda bem grosseira para nós; muito vaporosa, entretanto, para poder elevar-se na atmosfera e transportar-se para onde queira.*

Comentário de Allan Kardec: *Assim como o germe de um fruto é envolvido pelo perisperma, da mesma forma o Espírito, propriamente dito, está revestido de um envoltório que, por comparação, pode-se chamar de perispírito.*

É importante acrescentar ainda, questão 257:

(...) O perispírito é o laço que une o Espírito à matéria do corpo, sendo tirado do meio ambiente, do fluido universal; contém, ao mesmo tempo, eletricida-

de, fluido magnético e, até certo ponto, a matéria inerte. Poder-se-ia dizer que é a quintessência da matéria, o princípio da vida orgânica, mas não da vida intelectual, porque esta está no Espírito. (...)

Não desejamos aprofundar o assunto, mesmo porque não é finalidade da presente obra. Todavia, não poderíamos deixar o tema *perispírito* fora do livro. Apenas a título informativo e para sugerir aos leitores aprofundarem o estudo em outras obras específicas, resumimos:

• O perispírito tem a forma humana. É a aparência do Espírito, ou, ainda, numa linguagem vulgar, seria a roupa ou vestimenta da alma, que não tem forma;

• Ele é o modelador biológico que orienta a reprodução inteligente das células que se reproduzem na gestação;

• Efetivada a fecundação, o Espírito se liga ao novo corpo por meio do perispírito, iniciando o processo reencarnatório;

• É por ele, esse corpo semimaterial que participa tanto da natureza espiritual quanto da material, que o ser imortal – o Espírito – mantém-se ligado ao corpo durante a vida física;

• Ele reflete as condições morais da alma, registra e arquiva os progressos do Espírito e influi diretamente na formação do novo corpo físico;

• Depura-se gradativamente, de acordo com os progressos conquistados pelo Espírito, tornando-se cada vez mais etéreo e sutil.

O estudo do perispírito é amplo e merece abordagem específica. Indicamos o livro *Perispírito*, da autoria de Zalmino Zimmermman, da Editora Allan Kardec, de Campinas. Não poderia, todavia, o assunto estar ausente do livro, em face da estreita ligação do tema com a reencarnação.

Para facilitar o estudo e a pesquisa do leitor, sugerimos também a análise dos capítulos 12 a 14 do livro *Missionários da Luz*, de André Luiz/Chico Xavier, no qual o autor espiritual trata até da questão do restringimento da forma perispiritual adulta para infantil, visando à ligação com o novo corpo em início de gestação. Esses capítulos também abordam a empolgante questão do planejamento reencarnatório.

Capítulo 33

ESQUECIMENTO DO PASSADO

Esse é o grande argumento utilizado pelos contrários à ideia reencarnacionista para combater um dos princípios básicos do Espiritismo, o da pluralidade das existências. Todavia, o esquecimento do passado é uma verdadeira bênção. Basta pensar nos prejuízos que as recordações de traumas, lutas e dificuldades trariam.

Busquemos Kardec em *O Livro dos Espíritos*:

Na questão 392, responderam os Espíritos: *(...) Deus o quer assim em sua sabedoria. Sem o véu que lhe cobre certas coisas, ficaria deslumbrado, como aquele que passa, sem transição, da obscuridade à luz. Pelo esquecimento do passado, ele é mais ele mesmo.*

Vejamos, no entanto, a pergunta que mais pode interessar aos contraditores da reencarnação:

393 – De que maneira pode o homem ser res-

ponsável por atos e resgatar faltas de que não se lembra? Como pode aproveitar a experiência adquirida nas existência caídas no esquecimento? Conceber-se-ia que as tribulações da vida fossem uma lição para ele, se se lembrasse do que as originou; mas do momento que não se lembra, cada existência é para ele como se fosse a primeira e está, assim, sempre a recomeçar. Como conciliar isso com a justiça de Deus?

– A cada nova existência, o homem tem mais inteligência e pode melhor distinguir o bem e o mal. Onde estaria o mérito se ele se lembrasse de todo o passado? Quando o Espírito volta à sua vida primitiva (a vida espírita), toda a sua vida passada se desenrola diante dele; ele vê as faltas que cometeu e que são causa do seu sofrimento, e o que o poderia tê-lo impedido de cometê-las. Compreende que a posição que lhe é dada é justa e procura, então, a existência que poderá reparar aquela que vem de se escoar. (...) O Espírito, entrado nessa nova existência, se suporta essas provas com coragem e se resiste, eleva-se e ascende na hierarquia dos Espíritos, quando volta entre eles.

E acrescenta Kardec, comentando a resposta acima:

Se não temos, durante a vida corporal, uma lembrança precisa do que fomos e do que fizemos, de bem ou de mal, nas nossas existências anteriores, temos a intuição, e nossas tendências instintivas são uma reminiscência do nosso passado. Aquela nossa consciência, que é o desejo que abrigamos de não mais cometer as mesmas faltas, nos previne a resistência.

Magistral também o comentário que introduziu a resposta da questão 394, e que vale transcrever parcialmente:

> *(...) tudo que Deus fez está bem feito e que não nos cabe criticar-lhe as obras e dizer como deveria regular o Universo. A lembrança de nossas individualidades anteriores teria inconvenientes muito graves; poderia, em certos casos, humilhar-nos extraordinariamente e, em outros, exaltar o nosso orgulho e, por isso mesmo, entravar o nosso livre-arbítrio. (...) Acrescentemos ainda que, se tivéssemos a lembrança de nossos atos pessoais anteriores, teríamos igualmente dos atos dos outros e esse conhecimento poderia ter os mais deploráveis efeitos sobre as relações sociais. (...)*

As perguntas, as respostas e os comentários de Kardec são de muita sabedoria. Sugiro ao leitor consultar, na íntegra, as questões de 392 a 399 de O Livro dos Espíritos. É antididático ficarmos nas transcrições. Objetivo mesmo é estimular a pesquisa e o estudo sobre o importante tema.

O assunto comporta considerações de expressão, envolvendo muitos desdobramentos. O ideal é mergulhar a atenção nas questões específicas acima citadas, que oferecem valioso conteúdo de pesquisa.

Capítulo 34

REFERÊNCIAS CIENTÍFICAS SOBRE A REENCARNAÇÃO

Apenas para citação, pois que o objetivo da obra não é o foco científico, relaciono abaixo algumas referências científicas de renomados pesquisadores e estudiosos da pluralidade das existências.

1 – **Doutor Ian Stevenson,** pesquisador norte-americano que dedicou mais de 40 anos à pesquisa de casos de reencarnações de crianças com lembranças espontâneas de vidas passadas, inclusive com informações detalhadas de nomes, lugares, acontecimentos e outros dados posteriormente confirmados. O pesquisador chegou a catalogar mais de 2.600 casos. Na investigação, o cientista levantou diferentes hipóteses para a explicação das lembranças relatadas e chegou a publicar interessante estudo sobre suas pesquisas.

2 – **Professor Hemendra Nath Banerjee** (1929-1985), diretor do Departamento de Parapsicologia da Universidade do Rajastão, na Índia, também investigou casos de crianças com lembranças de vidas anteriores, chegando a catalogar perto de 3.000 casos.

3 – Eugène-Auguste **Albert de Rochas** d'Aiglun (1837-1914), pioneiro nessas pesquisas, publicou o livro *As vidas sucessivas*.

4 – No caso da conhecida Terapia de Vidas Passadas (TVP), é preciso citar os pesquisadores:

a) **Doutor Patrick Drouot**, físico francês, doutorado pela Universidade Colúmbia de Nova York, autor dos livros *Reencarnação e Imortalidade* e *Nós somos todos imortais*;

b) **Doutora Edith Fiore**, norte-americana, doutorada em psicologia na Universidade de Miami, autora dos livros *Você já Viveu Antes* e *Possessão Espiritual*;

c) **Doutora Helen Wambach**, psicóloga norte-americana, autora do livro *Recordando Vidas Passadas*;

d) **Doutor Brian Weiss**, M.D., psiquiatra e neurologista norte-americano, formado pela Universidade Colúmbia, professor catedrático de um dos mais conceituados hospitais universitários norte-americanos, o *Mount Sinai Medical Center*, autor dos livros *Muitas Vidas, Muitos Mestres*, *Só o Amor é Real*, *A Cura através da Terapia de Vidas Passadas* e *A Divina Sabedoria dos Mestres*.

e) **Doutor João Alberto Fiorine**, delegado de polícia, membro do Departamento de Polícia Científica e delegado-chefe da Delegacia de Investigação Criminal da Polícia Civil do Paraná. Tem se dedicado com afinco às pesquisas com impressão digital, exame grafotécnico e marcas de nascença, para evidenciar provas de reencarnação.

Claro que não são as únicas referências, como é o caso de Hernani G. Andrade, também pesquisador, citado em outro capítulo desta obra, entre outros. Cada um dos pesquisadores citados, todavia, oferece rico e farto material para estudos que evidenciam com clareza a realidade da reencarnação.

Fato verifico, no entanto, ensejou a produção do belíssimo e comovente filme *Minha Vida na Outra Vida*, originariamente produzido nos Estados Unidos e editado no Brasil pela *Vídeo Spirite*. De grande sucesso e estrelado por Jane Seymor, Hume Cronyn e Clancy Brown, o filme foi baseado em livro autobiográfico que conta a história de Jenny Cockell, uma mulher do interior dos Estados Unidos que começa a ter visões, sonhos e lembranças de sua última encarnação, como Mary, uma irlandesa que faleceu na década de 30. Intrigada, Jenny sai em busca de seus filhos da vida passada, iniciando uma emocionante jornada de buscas e pesquisas. Disponível nas locadoras, alcançou grande repercussão no Brasil, tendo sido exibido também em muitas instituições espíritas, seja pelo fato em si demonstrando a lógica da reencarnação, seja pelas emoções que a produção consegue transmitir. Dos "extras" do DVD, constam depoimentos de vários espíritas de renome e galeria de fotos históricas do famoso caso.

Para encerrar o presente capítulo, lembro-me da citação do amigo Américo Sucena, afirmou: *(...) Lembrando a frase do inglês sir Oliver Lodge, espírita de primeira hora: 'A Humanidade está dividida em duas: os que acreditam em reencarnação e os que acreditarão' (...)*, que bem cabe nessas considerações todas.

Capítulo 35

AINDA O ESQUECIMENTO DO PASSADO

SE SOMOS MESMO TODOS REENCARNADOS, POR QUE não nos lembramos das existências passadas? É uma questão intrigante, causa mesmo de dúvidas em muita gente.

O esquecimento do passado (das existências anteriores) indica a sabedoria de Deus. A lembrança viva de episódios vividos anteriormente traria vários inconvenientes, entre os quais relacionamos: a) poderia humilhar-nos intensamente, pela lembrança desagradável de muitos deslizes morais, especialmente quando envolvesse terceiros; b) exaltação do orgulho e da prepotência, em virtude de posições de destaque no passado; c) danosos efeitos nas relações sociais, pois, se tivéssemos as nossas lembranças, teríamos a dos outros também; d) traumas continuariam impedindo condições de felicidade e progresso; e) ódios e vinganças estariam minando os relacionamentos e provocando novos agravamentos.

Entre as inumeráveis vantagens, fruto da Sabedoria Divina – repetimos –, encontramos: a) a oportunidade de recomeço, sem lembranças perturbadoras; b) o progresso efetuado permite-lhe, agora com mais lucidez, optar por novos aprendizados; c) a reconciliação com antigos adversários sem que necessariamente haja o constrangimento das recordações que a poderiam impedir; d) a superação de traumas passados em circunstâncias ora renovadas; e) novas vivências e aprendizados sem que o passado venha a importunar; f) a aquisição de novas experiências sem qualquer ligação com o passado.

Os que desconhecem o processo alegam que o esquecimento seria impeditivo para a reconstrução do próprio caminho, quando, na verdade, esse *apagar das lembranças* significa verdadeira bênção. Deus nos beneficia com o esquecimento, colocando como que um *véu* em nossa memória para que os erros e os equívocos do passado não sejam *amarras* ou pesos que nos impeçam de construir ou reconstruir a própria felicidade.

Por outro lado, se quisermos saber o que fomos ou fizemos antes desta existência, basta observar com atenção nossas tendências, habilidades, *quedas morais*, laços que nos ligam a certas pessoas, e poderemos avaliar que tipo de procedimento ou vivência adotamos nas existências anteriores. Esta análise íntima permite corrigir os caminhos atuais.

Para conhecer mais, leitor, procure ler e estudar as questões 392 a 399 de *O Livro dos Espíritos*, de Allan Kardec. O assunto é empolgante, mas a Doutrina Espírita recomenda muito discernimento, evitando curiosidades desnecessárias. Essencial mesmo é o bom comportamento agora para construir um futuro melhor.

Capítulo 36

MÃE REENCONTRA FILHOS DA EXISTÊNCIA PASSADA

A MÚSICA É LINDA E A HISTÓRIA REAL. O TEMA É A reencarnação, o filme foi lançado em DVD pela Versátil Home Vídeo e se baseia em fatos reais relatados em livro autobiográfico.

Minha Vida na Outra Vida conta a história de Jenny, uma mulher do interior dos Estados Unidos que tem visões, sonhos e lembranças de sua última encarnação, como Mary, uma irlandesa que faleceu na década de 1930. Intrigada, Jenny sai em busca de seus filhos da vida passada. Tem início uma jornada emocionante. Jenny é magistralmente interpretada pela renomada atriz Jane Seymour, de *Em Algum Lugar do Passado*. Só que, dessa vez, não se trata de ficção, mas de reprodução da realidade.

Com direção de Marcus Cole, 93 minutos de duração, nos idiomas inglês e português, legendado e dublado, e produzido nos Estados Unidos em 2000, o filme emociona pelas profundas reflexões que provoca a quem o assiste. É impossível não se emocionar.

Abordando conflitos familiares, vida e morte, mas especialmente lembranças de outras vidas e reencarnação, a produção soube bem reproduzir a realidade vivida por Jenny Cockell. Ela se via em outra época e lugar, como jovem mãe, em recordações domésticas de sua pequena casa no campo. Mãe de vários filhos, morreu de complicações de parto, 21 anos antes desta atual encarnação, na personalidade de Jenny.

As visões e sonhos levaram-na a pesquisar o próprio passado e a reencontrar os filhos da existência anterior, agora idosos. Num reencontro que traz grandes emoções, reconhecem-se em circunstâncias que não deixam dúvidas, face a detalhes impressionantes que ficaram gravados no tempo e no espaço, trazidos à lembrança viva do presente. As preocupações com os filhos pequenos, na existência anterior, fizeram-na buscá-los na atual. Uma autêntica lição de amor envolve os personagens, trazendo toda a lógica da reencarnação de maneira muito clara, simples, objetiva. E faz pensar. Especialmente para aqueles que duvidam da realidade das existências sucessivas. E para quem aceita, o filme é um brado de imortalidade.

O DVD apresenta extras com depoimentos de lideranças do Movimento Espírita. Entre eles, Marlene Nobre, Nestor Masotti e Zalmino Zimmermman. Também apresenta algumas perguntas e respostas da conhecida escritora Therezinha Oliveira e uma galeria de fotos de Jenny com os filhos da existência passada e da cidade onde os reencontrou, na Irlanda.

A Versátil tem oferecido excelentes trabalhos na área de filmes em DVD, resgatando preciosidades para divulgação do pensamento espírita.

O assunto foi tema de matéria de capa da *Revista Internacional de Espiritismo*, de fevereiro de 2001, através de contato com a amiga Yeda Hungria, de Niterói (RJ), que gentilmente nos enviou, à época, textos e fotos da reportagem publicada.

Trata-se, realmente, de uma ocorrência notável de recordações de outras existências. Embora já conhecesse a história, pelo texto da querida Yeda, o filme levou-me às lágrimas. As emoções são muito fortes.

Pude ver o DVD imediatamente após o seu lançamento, por gentileza do produtor, Oceano Vieira de Melo, a quem, de público, desejo cumprimentar pelo excelente trabalho de divulgação da Doutrina Espírita.

Capítulo 37

HAVERÁ UM DETERMINISMO?

Em capítulos anteriores, abordamos a questão de autores e vítimas de crimes hediondos, tragédias, etc. Sobre autores intelectuais ou executantes, afirmamos que todos têm real possibilidade de alterar o rumo dos acontecimentos pela liberdade de opção: fazer ou deixar de fazer. Sobre as vítimas, ficou claro que, em determinadas circunstâncias, a pessoa poderá sujeitar-se a tais acontecimentos como caminho de resgate da própria consciência, frente a insucessos e equívocos do passado – recente ou remoto.

Podemos indagar, todavia, se alguém que sofre uma violência brutal, com ou sem morte, estaria predestinado a sofrer tal ação. Isto não seria outro determinismo? Ou, em outras palavras, a pessoa veio programada para sofrer tal ou qual brutalidade? Do ponto de vista dos autores, já vimos que ninguém vem predestinado a cometer o mal, pois tudo depende da sua opção e liberdade. Mas e as vítimas?

A conhecida citação de que *o amor cobre a multidão de pecados* (1-Pedro 4:8) cabe nesse contexto. Alguém poderá realmente ter cometido muitos erros, prejudicado muita gente, feito atrocidades contra terceiros. Isso, em absoluto, não quer dizer que terá de sofrer os mesmos tormentos que fez outros sentirem. Vamos a um exemplo simples: uma mulher cometeu diversos abortos. Necessariamente, não terá de ser abortada em outra existência ou sofrer as agruras de um câncer de útero. Imaginemos que, quando compreender o erro do aborto, essa mesma mulher se coloque para cuidar de filhos alheios, seja numa creche, no atendimento a gestantes, na confecção de enxovais de filhos de mães carentes ou mesmo na direção de um orfanato. Essa dedicação, esse amor dedicado a terceiros, poderá "apagar" a mancha consciencial de delitos passados.

Alguém que sujeitou outra pessoa à violência do estupro, e arrependido, desejando reparar-se perante a própria consciência, poderá redimir-se, por exemplo, como médico que atende gratuitamente mulheres carentes vítimas do câncer e, assim, em diversas outras situações. Quer dizer, sempre teremos de reparar o mal praticado, mas os caminhos são variados e "o amor sempre conseguirá cobrir a multidão de pecados". Como o caso daquele homem que solicitou perder o braço (em virtude de ato vergonhoso no passado), mas, como era uma pessoa muito caridosa, perdeu apenas a ponta do dedo indicador. Não há, pois, um determinismo. Sempre poderemos consertar os erros, mas somente o amor libertará a consciência.

Capítulo 38

UM CAPÍTULO ESPECIAL

AFIRMA O ESPÍRITO ANDRÉ LUIZ, NA PSICOGRAFIA de Chico Xavier: *(...) o corpo herda naturalmente o corpo, segundo as disposições da mente que se ajusta a outras mentes, nos circuitos da afinidade, cabendo, pois, ao homem responsável reconhecer que a hereditariedade relativa, mas compulsória, lhe talhará o corpo físico de que necessita em determinada encarnação (...)*. O significativo texto está na obra *Evolução em Dois Mundos*, capítulo VII – item *Hereditariedade e Conduta*.

O pequeno texto, constante da citada obra – de expressivo conteúdo científico –, indica que somos nós mesmos os construtores do próprio destino. No mesmo livro, mais adiante, no capítulo XIX – *Alma e Reencarnação*, há informações importantes nos subtítulos e pequenas transcrições que relacionamos abaixo, solicitando, todavia, aos leitores, consultarem o capítulo específico na íntegra:

a) Depois da Morte:

(...) logo após a morte física, sofre a alma culpada minucioso processo de purgação, tanto mais produtivo quanto mais se lhe exteriorize a dor do arrependimento, e, apenas depois disso, consegue elevar-se a esferas de reconforto e reeducação. (...)

Prossegue o Espírito, informando sobre os processos de autoexame para superação e alteração dos difíceis quadros espirituais decorrentes de condutas equivocadas ou deliberadamente assentadas no mal ao próximo. Assevera André Luiz:

(...) Criminosos que mal ressarciram os débitos contraídos, instados pelo próprio arrependimento, plasmam, em torno de si mesmos, as cenas degradantes em que arruinaram a vida íntima, alimentando-as à custa dos próprios pensamentos desgovernados. Caluniadores que aniquilaram a felicidade alheia vivem pesadelos espantosos, regravando nas telas da memória os padecimentos das vítimas, como no dia em que as fizeram descer para o abismo da angústia (...)

Mais adiante, depois de relacionar outras situações e importantes considerações sobre estágios no mundo espiritual em condições de depuração, o Espírito autor amplia suas considerações.

b) Sementes do destino:

(...) tão logo revele os primeiros sinais de positi-

va renovação para o bem, registra o auxílio das Esferas Superiores, que, por agentes inúmeros, apoiam os serviços da Luz Divina onde a ignorância e a crueldade se transviam nas sombras. Qual doente, agora acolhido em outros setores pela encorajadora convalescença de que dá testemunho, o devedor desfruta suficiente serenidade para rever os compromissos assumidos na encarnação recentemente deixada, sopesando os males e sofrimentos de que se fez responsável, acusando ainda a si próprio, com a incapacidade evidente de perdoar-se, tanto maior quão maiores lhe foram no mundo as oportunidades de elevação e a luz do conhecimento. Muita vez, ascendem a escolas beneméritas, nas quais recolhem mais altas noções de vida, aprimoram-se na instrução, aperfeiçoam impulsos e exercem preciosas atividades, melhorando os próprios créditos; todavia, nas lembranças dos erros voluntários, ainda mesmo quando as suas vítimas tenham já superado todos as sequelas dos golpes sofridos, entranham-se-lhes no Espírito por sementes do destino, de vez que eles mesmos, em se reconhecendo necessitados de promoção, a níveis mais nobres, pedem novas reencarnações com as provas de que carecem para se quitarem conscienciallmente consigo próprios. (...)

O precioso relato prossegue, porém, nos itens *Reencarnações Especiais*, *Reencarnação e Evolução*, *Particularidades da Reencarnação*, *Restringimento do Corpo Espiritual* e *Corpo Físico*.

Note-se, todavia, o detalhe do último item transcrito:

amparados pelas Esferas Superiores e submetendo a própria consciência a uma análise ponderada das próprias ações, solicitam novas existências com as provas que lhes aliviem a consciência. Todos estamos enquadrados nesse processo. As múltiplas existências são degraus de aperfeiçoamento.

Entretanto, vejamos mais alguns trechos essenciais ao objetivo do tema.

c) Reencarnações especiais:

> Entretanto, reencarnações se processam, muita vez, sem qualquer consulta aos que necessitam segregação em certas lutas no plano físico (...). São os problemas especiais, em que a individualidade renasce de cérebro parcialmente inibido ou padecendo mutilações congênitas (...). Incapazes de eleger o caminho de reajuste, pelo estado de loucura ou de sofrimento que evidenciam, semelhantes enfermos são decididamente internados na cela física como doentes isolados sob assistência precisa (...)

d) Reencarnação e Evolução:

Este item é tão especial, tão grandioso, que me abstenho de ficar apenas em transcrições, para convidar o leitor a procurar a obra e lê-la na íntegra, para encontrar o maravilhoso caminho traçado pela Sabedoria Divina para nossa evolução. Recordo que é o capítulo XIX da obra *Evolução em Dois Mundos*, no item *Reencarnação e Evolução*, deixando que o próprio autor espiritual fale sobre esse propósito da reencarnação:

> *(...) O progresso pode ser comparado a montanha que nos cabe transpor, sofrendo-se naturalmente os problemas e as fadigas da marcha, enquanto que a recuperação ou a expiação podem ser consideradas como essa mesma subida, devidamente recapitulada, através de embaraços e armadilhas, miragens e espinheiros que nós mesmos criamos. (...)*

E na conclusão do item em referência, apresenta esta pérola:

> *(...) Se soubermos, porém, suar no trabalho honesto, não precisaremos suar e chorar no resgate justo. E não se diga que todos os infortúnios da marcha de hoje estejam debitados a compromissos de ontem, porque, com a prudência e a imprudência, a preguiça e o trabalho, com o bem e o mal, melhoramos ou agravamos a nossa situação, reconhecendo-se que todo dia, no exercício de nossa vontade, formamos novas causas, refazendo o destino.*

O leitor deve considerar, pois, que não só de resgates e reparações são feitas as existências corpóreas. Muitas delas são de caráter missionário, visando ao auxílio patente aos demais contemporâneos, seja no âmbito da família, da cidade, do país ou até do planeta. E todas são de aprendizado contínuo. Por isso, recomendo ao leitor consultar o capítulo que ora estamos comentando, lendo também os itens *Particularidades da Reencarnação, Restringimento do Corpo Espiritual* e *Corpo Físico*.

Concluo o capítulo com o mesmo André Luiz, no mesmo livro e capítulo:

(...) Paternidade, maternidade, raça e pátria, lar e sistema consanguíneo são conjugados com previdente sabedoria para que não faltem ao reencarnante todas as possibilidades necessárias ao êxito no empreendimento que se inicia... (...)

Por essa razão, colocamos no livro o apêndice constante das próximas páginas, simulando um Projeto Reencarnatório...

Antes, porém, permito-me indicar aos leitores o didático livreto *Reencarnação é Assim...*, de autoria da conceituada escritora e palestrante Therezinha Oliveira, de Campinas (SP), e publicado pelo departamento editorial do Centro Espírita Allan Kardec, da mesma cidade. Com menos de 40 páginas, a autora reuniu no livreto perguntas básicas, objetivas, com respostas compactas sobre a temática.

Bem distribuídas, ali estão informações bastante elucidativas. Entre as diferentes questões, destaco as três primeiras, com uma única resposta sintetizada das respostas de cada uma:

Que somos nós, as criaturas humanas?

Que é encarnação?

Por que precisamos encarnar e reencarnar?

Resposta: *Somos seres espirituais, criados por Deus. (...) Sendo imortais, não morremos quando o corpo morre, continuamos vivendo no plano espiritual, até reencarnarmos, o que fazemos para cumprir desígnios divinos, e que significa cooperar na obra da Criação, além de progredir intelectual e moralmente. Para isso, temos encarnado e reencarnado vezes sem conta. Foi assim que alcançamos nosso atual estágio de evolução.*

Ficam respondidos os questionamentos do subtítulo desta obra?

Analisamos as questões:

Resgate, sofrimento ou oportunidade?

Claro, oportunidade. E muito valiosa!

O que é?

Lei e mecanismo de progresso, com base na justiça.

Como ocorre?

Processo natural de renascimento em novo corpo físico.

Qual a utilidade?

Promover o progresso intelecto-moral.

PROJETO REENCARNATÓRIO

Dinâmica de visualização
(baseada em experiência prática utilizada
em palestras e seminários do autor)

I – HOMEM OU MULHER?

– *Quem se apresenta para reencarnar?*

A pergunta ressoou pelo salão lotado. Público atento, acostumado às palestras semanais. A cada semana um expositor diferente, temas variados em notáveis abordagens. Naquele dia, a pergunta causou estranheza.

Na verdade, o expositor solicitava a apresentação de algum voluntário para ilustrar dinâmica sobre o processo de reencarnação da alma humana. Seria a simulação de um projeto reencarnatório.

Como se sabe, todos nós que estamos no planeta somos oriundos de planejamentos cuidadosos, elaborados pelos Benfeitores Espirituais, muitas vezes, ou, na maioria das vezes, com nossa participação, visando a promover nosso progresso.

É óbvio que existem reencarnações compulsórias para o caso de Espíritos extremamente rebeldes, recalcitrantes e, em muitos casos, inconscientes. Amorosamente acompanhados, são encaminhados à reencarnação. Todavia, a maioria das vidas humanas é fruto de cuidadoso estudo que considera os fatores genéticos, os méritos, as conquistas, as carências emocionais e psicológicas, as habilidades, as perspectivas, as tendências e mesmo os débitos e os créditos adquiridos nas existências anteriores, entre outros fatores.

O local onde nascemos, a época em que nascemos, nossos pais e filhos, parentes, esposa, profissão, enfermidades importantes, vinculações afetivas, etc. são planejados com antecedência, sempre visando a proporcionar experiências de aprendizado.

– *Quem se apresenta para reencarnar?*

O expositor insistia, embora já houvesse explicado que seria uma simulação de reencarnação, utilizando-se de uma dinâmica interativa para promover o estudo do tema *Pluralidade das Existências,* um dos princípios básicos do Espiritismo.

Após algumas tentativas, apresentou-se um homem que se postou à frente do auditório e ao lado do expositor.

Chamava-se João e aceitava participar da dinâmica.

A exposição houvera sido precedida de uma abordagem geral, embora bem rápida e sintética, sobre os Princípios Doutrinários do Espiritismo, a saber: *Existência de Deus, Imortalidade da Alma, Comunicabilidade dos Espíritos, Pluralidade das Existências, Pluralidade dos Mundos Habitados, Evolução* e *Ação e Reação*, embasados todos no Evangelho de Jesus.

– Interessante – explicava o expositor –, que de tais princípios, alicerces do conhecimento espírita, originam-se ou desdobram-se os inesgotáveis estudos e reflexões proporcionadas pelo Espiritismo.

Diante da plateia estavam, agora, o expositor e o voluntário e candidato João.

Antes de qualquer diálogo, o expositor solicitou ao público que observasse alguns critérios durante o desdobramento da dinâmica que se iniciaria na sequência:

a) Que se imaginassem todos desencarnados;

b) Que embora muitos ali nem se conhecessem, que todos pudessem considerar que se reuniam, sob hipótese, num grupo de amigos de longa data cujos laços de confiança e solidariedade estivessem muito presentes, dada a afinidade de todos os integrantes;

c) Que, devido à hipótese sugerida pela dinâmica, todos ali estariam num estágio de desenvolvimento espiritual que lhes permitia certa liberdade nas escolhas do próprio projeto reencarnatório, embora ainda sob orientação superior.

– Tais critérios – explicou – deveriam ser considerados durante toda a dinâmica.

E, dirigindo-se ao candidato João, perguntou:

– João, o que você precisa para reencarnar novamente?

João teve dificuldades de entender. Citou as palavras: experiências, amor, confiança em Deus, caridade, mas se esquecia de um detalhe importante, no qual foi auxiliado pela plateia: precisava de um corpo. Sim, um novo corpo para corporificar-se no planeta como um novo ser humano que renascia para as experiências da vida humana.

– E você vai querer nascer homem ou mulher? – perguntou o expositor, embora explicando que as escolhas não são feitas assim ao acaso, mas depois de um estudo que leva em conta diversos fatores para determinar o sexo do futuro reencarnante – e é preciso que se repita –, sempre visando ao progresso do Espírito.

– Ah! Eu gostaria de renascer como homem novamente.

Percebe o leitor que o candidato participante da dinâmica poderia ter optado pelo renascimento em corpo feminino, considerando seus anseios e necessidades, como também poderíamos ter uma candidata, que igualmente poderia ter optado por renascimento em corpo feminino ou masculino.

A abordagem do expositor, embora uma simulação para explicar a reencarnação por meio de dinâmica interativa com o público, remete-nos ao estudo das seguintes questões de *O Livro dos Espíritos*:

132 – Qual o objetivo da encarnação dos Espíritos?

– *Deus lhes impõe a encarnação com o objetivo de fazê-los chegar à perfeição. Para alguns, é uma expiação, para outros, é uma missão. Todavia, para alcançarem essa perfeição, devem suportar todas as vicissitudes da existência corporal; nisto é que está a expiação. A encarnação tem também outro objetivo que é o de colocar o Espírito em condições de cumprir sua parte na obra da criação. Para realizá-la é que, em cada mundo, ele toma um aparelho em harmonia com a matéria essencial desse mundo, cumprindo aí, daquele ponto de vista, as ordens de Deus, de tal sorte que, concorrendo para a obra geral, ele próprio se adianta.*

200 – Os Espíritos têm sexos?

– *Não como o entendeis, pois os sexos dependem do organismo. Entre eles há amor e simpatia baseados na identidade de sentimentos.*

201 – O Espírito que animou o corpo de um homem, em nova existência, pode animar o de uma mulher, e vice-versa?

– *Sim, são os mesmos Espíritos que animam os homens e as mulheres.*

202 – Quando se é Espírito, prefere-se encarnar no corpo de um homem ou de uma mulher?

– Isso pouco importa ao Espírito; ele escolhe segundo as provas que deve suportar.

II – PAI E MÃE

– E, precisando de um corpo, como consegui-lo?
– Ah, preciso de pai e mãe!
– Ótimo, quem se apresenta para pai e mãe de João? – pergunta ao público o expositor.

O público riu, talvez alcançando a sequência da dinâmica.

O expositor insistiu, solicitando agora dois candidatos voluntários para cumprirem o papel de pai e mãe do futuro reencarnante. Nova resistência das pessoas até que se apresentou um casal.

Aí as explicações repetidas do expositor:

a) Trata-se de uma simulação para tornar visível a elaboração de um projeto reencarnatório;

b) A escolha não ocorre aleatoriamente. São os laços de afinidade ou da ausência de afinidade que determinam as definições da maternidade, da paternidade e dos laços de sangue entre os seres humanos, por necessidades evolutivas como o desenvolvimento do amor, por exemplo;

c) Recordou o critério inicial da simulação e dos laços de afeto que, por hipótese, ligam todos os presentes naquela palestra, indicando solidariedade entre os envolvidos.

Um projeto reencarnatório prevê as lutas e as dificuldades, levando-se em conta as necessidades e as carências morais do reencarnante, mas também providencia recursos e seres queridos que atuam como autênticos sustentáculos na superação dos obstáculos. Sem dúvida, entre esses estão os pais, os primeiros amigos de uma criança.

Devemos todos muita gratidão aos pais pela formação de um corpo físico que nos permitiu reencarnar para prosseguimento dos objetivos de evolução.

Em condições normais, pais e filhos guardam afinidade entre si, todavia, não se exclui a possibilidade de reunir na condição de pais e filhos velhos inimigos do passado que, necessitando reajustar-se entre si, voltam na condição familiar de pais e filhos, exatamente para reconquistar a si mesmos nas experiências da família.

– E você, João, vai querer irmãos?

– Sim, três irmãos!

– A Sra. aceita quatro filhos?

– Sim, aceito. Adoro crianças.

– E o Senhor, aceita a tarefa de educação de quatro filhos?

– Sim, estaremos juntos na mesma luta.

– Então, por favor, apresentem-se os três irmãos de João.

Nova movimentação no salão, de surpresa e já cientes da dinâmica utilizada pelo expositor, apresentaram-se os candidatos a irmãos do futuro reencarnante.

O agrupamento de pessoas começou a ampliar-se na

frente do salão. Lá estavam o expositor, o candidato à reencarnação, seus futuros pais e também os futuros irmãos.

Percebemos a preparação de uma futura existência na Terra, embora a superficialidade do momento e da abordagem, por razões óbvias, mas levando aos ouvintes uma reflexão de profundidade sobre o processo da reencarnação e das providências exigidas.

– João, seus avós maternos e paternos já estão reencarnados e na fase da adolescência. De acordo com o planejamento próprio de sua mãe e de seu pai, ambos vão renascer daqui a três anos e em estados diferentes do Brasil. No planejamento de ambos, estão definidos os parâmetros que vão determinar o reencontro deles durante a juventude. Isso vai ocorrer daqui a vinte e cinco anos, quando você, então, partirá para a reencarnação e será o filho primogênito da família.

A questão nos traz para estudo e reflexão as seguintes questões de O Livro dos Espíritos:

> 203 – Os pais transmitem aos filhos uma porção da sua alma ou se limitam a dar-lhes a vida animal a que uma nova alma, mais tarde, vem adicionar a vida moral?
>
> – *A vida animal somente, porque a alma é indivisível. Um pai estúpido pode ter filhos inteligentes, e vice-versa.*
>
> 204 – Uma vez que temos tido várias existências, a parentela remonta além da nossa existência atual?
>
> – *Não pode ser de outra forma. A sucessão das*

existências corporais estabelece entre os Espíritos laços que remontam às existências anteriores. Daí, muitas vezes, decorrem as causas da simpatia entre vós e certos Espíritos que vos parecem estranhos.

205 – Na opinião de certas pessoas, a doutrina da reencarnação parece destruir os laços de família, fazendo-os remontar às existências anteriores.

– *Ela os estende, mas não os destrói. A parentela, estando baseada sobre as afeições anteriores, os laços que unem os membros de uma família são menos precários. Ela aumenta os deveres da fraternidade, visto que, entre os vizinhos ou entre os servidores, pode se encontrar um Espírito que esteve ligado a vós pelos laços consanguíneos.*

207 – Os pais transmitem, frequentemente, aos filhos uma semelhança física. Transmitem também uma semelhança moral?

– *Não, uma vez que têm alma ou Espírito diferentes. O corpo procede do corpo, mas o Espírito não procede do Espírito. Entre os descendentes das raças não há senão consanguinidade.*

– De onde provêm as semelhanças morais que existem, algumas vezes, entre pais e filhos?

– *São Espíritos simpáticos, atraídos pela semelhança de suas tendências.*

208 – Os Espíritos dos pais não exercem influência sobre o do filho, depois do nascimento?

– Uma influência muito grande; como dissemos, os Espíritos devem concorrer para o progresso uns dos outros. Muito bem! Os Espíritos dos pais têm por missão desenvolver os dos seus filhos pela educação; é para eles uma tarefa: se falharem, serão culpados.

III – A ÉPOCA E O LOCAL

– Formado o grupo familiar, com os pais e irmãos, onde ocorrerá o renascimento? Será no Brasil mesmo, ou outro país? Sendo no Brasil, em que Estado e cidade?

– Ah! Prefiro o Brasil e na mesma cidade onde nasci.

Novamente a ressalva do expositor sobre a superficialidade da pergunta, de vez que as escolhas não são feitas assim aleatoriamente. A época do nascimento, considerando os ciclos do planeta e suas civilizações, como também o país, o estado, a cidade e mesmo a região, levam em conta as necessidades, afinidades e demais fatores do grupo familiar. E prosseguiu:

– Devemos observar com atenção que o planejamento de uma nova existência considera os vínculos anteriores, inclusive quanto ao país e à cidade. Tarefas inacabadas, projetos em andamento, planejamentos para o futuro, vinculações com outros Espíritos reencarnados, ou a reencarnar, são igualmente analisados no projeto em andamento. Méritos e deméritos acumulados nas vivências passadas determinam muitas vezes a época e o local do nascimento. Isso não quer dizer que não possamos renascer pela primeira vez em outro país, com pessoas de outro grupo familiar. Sim, podemos, e muitas vezes isso ocorre. Mas sempre haverá vínculos determinantes para tais modificações. Há que se considerar ainda a sabedoria divina que, mesmo na elaboração do projeto reencarnatório de um único e qualquer Espírito, vincula as vidas do grupo que renasce junto, sem prejuízo dos demais planejamentos.

Os comentários do expositor abriram as perspectivas do público presente. Os desdobramentos de seus comentários começavam a mostrar a importância da vida humana e a bênção da reencarnação, cujo planejamento obedece a critérios de justiça, bondade e sabedoria.

João, cuja simulação de um projeto reencarnatório era feita naquele momento, acompanhava o raciocínio do expositor. A equipe familiar, postada à frente do público, transmitia a noção exata da bênção que é a união de Espíritos, ainda que não afins, numa família. O pensamento dos presentes podia avaliar as próprias circunstâncias da vida familiar, pensando nos filhos, nos pais e na oportunidade de crescimento que referida convivência proporciona aos Espíritos. São laços de amor!

O planejamento reencarnatório reúne seres que se amam; é verdade que, muitas vezes, reúne também almas com dificuldades de relacionamento. Mas para tudo há uma finalidade superior: a construção do amor entre os Espíritos.

O cônjuge, os filhos e os demais parentes são bênçãos na vida de todos nós, autênticos companheiros de uma grande viagem de aprendizado.

– João – prossegue o expositor –, como lhe disse

anteriormente, seus avós maternos e paternos já estão reencarnados e vivem a fase da adolescência. Seus pais deverão reencarnar aproximadamente daqui a três anos. Desta forma, você deverá retornar ao planeta num prazo em torno de 25 a 30 anos, do calendário terrestre.

O empolgante assunto sugere consulta à expressiva questão de O Livro dos Espíritos:

> 215 – De onde provém o caráter distintivo que se nota em cada povo?
>
> *– Os Espíritos têm também famílias formadas pela semelhança de seus pendores mais ou menos purificados, segundo sua elevação. Muito bem! um povo é uma grande família na qual se reúnem os Espíritos simpáticos. A tendência que têm os membros dessas famílias a se unirem é a origem da semelhança que existe no caráter distintivo de cada povo. Julgas que os Espíritos bons e humanitários procurem um povo duro e grosseiro? Não, os Espíritos simpatizam com as coletividades como simpatizam com os indivíduos; aí eles estão em seu meio.*

IV – A PROFISSÃO

– João, qual a profissão escolhida para exercer na próxima encarnação?

– Penso que desejo ser médico. Sempre tive vontade de cuidar das pessoas. Na presente encarnação – embora a hipótese simulada de já estar no plano espiritual, o candidato referiu-se à atual encarnação vivida –, não foi possível, por diversas razões. Mas já que posso escolher, desejo estudar para formar-me médico na área de cirurgia.

– E você pretende tornar-se um médico contratado de um hospital ou ter a sua própria clínica, inclusive com recursos para cirurgias? E, nesse caso, pretende ter um sócio na clínica?

– Ah! Sim, quero ser contratado de um hospital para plantões, mas também ter minha própria clínica, com um sócio.

O expositor, então, virou-se para o público e solicitou:

– Por favor, apresentem-se o professor da faculdade, o reitor da Universidade, o provedor do hospital e o sócio que vai abrir a clínica com João.

Gargalhada geral!

E o expositor argumentou:

– Vocês riem, mas vejam quantas pessoas circundam nossa vida nas mais diversas circunstâncias! Poderíamos ainda chamar aqui à frente a primeira professora do pré-primário e outras do ensino fundamental. Poderíamos chamar os colegas de classe, pois sempre há aqueles que marcam mais nossa vida, os colegas da faculdade, os funcionários do hospital e sua diretoria, a família do sócio, etc. Ocorre mesmo é que muita gente faz parte de nossa vida, em todos os setores, época e ciclos de nossa existência. Mas como o objetivo é didático, deixaremos de chamar tantas pessoas, sob pena de esvaziarmos a plateia.

Poderíamos, ainda, chamar os pacientes durante os estágios na faculdade, os pacientes e fornecedores de sua vida profissional, o proprietário do prédio que recebe o aluguel da clínica, os funcionários da clínica, etc. Mas fica inviável, por razões óbvias.

O objetivo do palestrante era mesmo destacar a quantidade inumerável de pessoas com quem travamos contato, umas com mais expressão e constância e outras com menor intensidade, mas todas participantes de nosso processo de aprendizado. Com vínculos maiores ou menores, muita gente participa para que aprendamos a viver e a desenvolver nossos talentos. As oportunidades são muitas, sempre envolvidas com muita gente, cada uma com um aprendizado a nos trazer.

E continuou:

– Convido os amigos para que pensem na quantidade de pessoas que fazem parte da vida de vocês e de cada um de nós. Todos nós conhecemos muita gente com quem nos relacionamos com maior ou menor intensidade. É isso que estamos tentando demonstrar aqui. Nem tudo foi planejado, mas todos de uma forma ou de outra interferem positiva ou negativamente em nossa forma de viver. Com um detalhe: influenciamos igualmente vidas com nossa maneira de ser e agir. No caso de um médico, como em qualquer outra profissão, quantas experiências não vive o Espírito encarnado? O que dizer da possibilidade que ele tem em mãos de beneficiar e encorajar seus pacientes? O que dizer da responsabilidade que detém nos cuidados com a saúde de outras vidas? Quantos pacientes atendeu em seus plantões e na própria clínica particular? Como atendeu? Tratou-os com carinho e atenção? Como tratou os desprovidos de recursos e muitas vezes analfabetos que o buscavam? Como honrou o título de médico e seu comprometimento com a ética? São questões a pensar, como ocorre em qualquer outra profissão. Como conduziu sua sociedade com o colega também médico? Como influenciou ou deixou-se influenciar? Como administrou a profissão com os interesses da família e consigo mesmo?

As reflexões do expositor conclamavam a todos a uma autoavaliação do próprio comportamento como profissionais e como cidadãos. Estavam presentes no ambiente profissionais de várias categorias, autônomos, liberais, funcionários e diretores de empresas, donas de casa, pais e mães. Todos podiam avaliar a si mesmos, assim como o próprio expositor, conhecido divulgador espírita.

A palestra exaltava a importância da oportunidade recebida pela reencarnação.

– E, afinal, João, o que lhe falta? Você já tem família, já se formou, está com a situação financeira definida. O que lhe falta?

167 – Qual é o objetivo da reencarnação?

– *Expiação, aprimoramento progressivo da Humanidade, sem o que, onde estaria a justiça?*

168 – O número de existências corporais é limitado, ou o Espírito se reencarna perpetuamente?

– A cada nova existência, o Espírito dá um passo no caminho do progresso; quando se despojou de todas as suas impurezas, não tem mais necessidade das provas da vida corporal.

169 – O número de encarnações é o mesmo para todos os Espíritos?

– Não, aquele que caminha depressa se poupa das provas. Todavia, as encarnações sucessivas são sempre muito numerosas, porque o progresso é quase infinito.

270 – A que se devem as vocações de algumas pessoas, e sua vontade de seguir uma carreira de preferência a outra?

– Parece-me que vós mesmos podeis responder a esta questão. Não é a consequência de tudo o que dissemos sobre a escolha das provas e sobre o progresso realizado numa existência anterior?

V – O CASAMENTO

– João, você vai querer se casar?

Era a pergunta mais esperada pelo público depois da percepção da dinâmica.

Antes da resposta, o expositor explicou situações vividas em outras abordagens sobre o tema, descrevendo casos de a pessoa não desejar se casar, permanecendo solteira.

Também descreveu situações cômicas de a pessoa desejar nascer no sexo oposto e solicitar como cônjuge a mesma pessoa com que divide experiência matrimonial na presente encarnação e, no caso, a outra pessoa deveria também nascer no sexo oposto. A situação é cômica porque várias vezes o cônjuge queria inverter o sexo para que o outro experimentasse o que era ser esposa ou marido...

A experiência traz interessantes situações, como casais que decidem retornar marido e mulher novamente, ficando demonstrado aí a afinidade que une os seres. Em outros casos, o planejamento previa desencarnação precoce do cônjuge que acompanharia o projeto reencarnatório do candidato voluntário e, muitas vezes, ficou previsto um segundo casamento, ficando esclarecido que um segundo ou terceiro casamento poderia ser previsto ou não.

O tema sugere consulta a *O Livro dos Espíritos*:

> 298 – As almas que deverão se unir estão predestinadas a essa união desde sua origem, e cada um de nós tem, em alguma parte do Universo, *sua metade à qual se reunirá fatalmente um dia?*
>
> *– Não; não existe união particular e fatal entre duas almas. A união existe entre todos os Espíritos, mas em graus diferentes segundo a categoria que ocupam, quer dizer, segundo a perfeição que adquiriram: quanto mais perfeitos, mais unidos. Da discórdia, nascem todos os males humanos; da concórdia, resulta a felicidade completa.*

Aliás, a questão de decisões e opções é de responsabilidade do Espírito encarnado quando na experiência carnal. O que é planejado são os pontos principais. Os detalhes ficam por nossa conta, conforme ensina O Livro dos Espíritos:

> 259 – Se o Espírito pode escolher o gênero de provas que deve suportar, segue-se daí que todas as tribulações que experimentamos na vida foram previstas e escolhidas por nós?
>
> *– Todas, não é a palavra, pois não se pode dizer que escolhestes e previstes tudo o que vos acontece no mundo, até as menores coisas; escolhestes o gênero de provas, os detalhes são consequências da vossa posição e, frequentemente, dos vossos próprios atos. Se o Espírito quis nascer entre malfeitores, por exemplo, ele sabia a que arrastamentos se expunha, mas não cada um dos atos que viria a praticar e que são resultado de sua vontade ou do seu livre-arbítrio. O Espírito sabe que, escolhendo tal caminho, terá de suportar tal gênero de luta; sabe também a natureza das vicissitudes que enfrentará, mas não sabe quais os acontecimentos que o aguardam. Os detalhes dos acontecimentos nascem das circunstâncias e da força das coisas. Somente são previstos os grandes acontecimentos que influem no seu destino. (...)*

Chamamos a atenção do leitor para que não deixe de ler, atentamente, o conteúdo da questão 259, acima transcrita parcialmente. A questão foi exaustivamente comentada pelo expositor que, inclusive, projetou-a em transparência para o público.

– Mas, João, você vai querer se casar?
– Ah! Sim, vou querer me casar.
– Apresente-se, então, a futura esposa de João.

Nova movimentação descontraída no público e nova explicação do expositor sobre a realidade de não ocorrerem escolhas assim, aleatórias, no mundo espiritual, mas sim cuidadosos planejamentos devidamente estudados. E acentuou:

– É comum que alguns Espíritos compareçam na condição de cônjuge para auxiliar o outro Espírito em seus projetos; pode ocorrer igualmente que dois Espíritos simpáticos entre si unam-se em experiência matrimonial para receber e auxiliar, como pais, outros Espíritos em dificuldades. Igualmente ocorre, no casamento carnal, a união de dois Espíritos antagônicos entre si para buscarem a reabilitação moral em seus relacionamentos. As condições e circunstâncias são variadas. Nem sempre a afinidade ou a ausência dela define os quadros conjugais.

– Em algumas abordagens – continuou o expositor –, pessoa do mesmo sexo, na plateia, apresentou-se como candidato(a) a cônjuge, a depender da circunstância, lembrando a questão 201 de O Livro dos Espíritos, citada no item 1 deste capítulo.

Uma candidata apresentou-se para a continuidade da dinâmica.

– João, você vai querer ter filhos?

Embora com a pergunta dirigida ao candidato, na simulação, ela é na realidade endereçada ao casal, uma vez que os planejamentos são elaborados conjuntamente no interesse e nas necessidades dos Espíritos envolvidos, inclusive daqueles que lhes serão filhos na existência carnal.

VI – FILHOS

– João, você vai querer ter filhos?
– Sim, quero ter quatro filhos.
– A senhora aceita ter quatro filhos?
– Sim, aceito. Adoro crianças.
– Pois apresentem-se os quatro filhos de João!

Quatro pessoas se apresentaram e também se postaram à frente, juntando-se ao grupo.

Novamente, o expositor ponderou que a escolha não é feita aleatoriamente, mas fruto igualmente de planejamento que leva em conta os vínculos entre os Espíritos, as necessidades, os méritos e as tarefas a serem desenvolvidas em comum. Era preciso sempre esclarecer esses pontos para não gerar dúvidas e ficar claro que tudo aquilo era apenas uma simulação explicativa para fazer entender o mecanismo da reencarnação.

– A responsabilidade de vocês é muito grande. Recebendo no lar quatro filhos, fica o compromisso de encaminhá-los para o bem, de formar-lhes o caráter, a consciência de fraternidade e do amor; de transmitir-lhes bons exemplos, de orientá-los e de educá-los. A vinculação desses Espíritos a vocês, na condição de filhos, não obedece ao acaso, mas ao planejamento próprio de cada um, seja na condição de filhos ou de irmãos entre si. Santo Agostinho, em mensagem inserida por Allan Kardec em *O Evangelho Segundo o Espiritismo*, no capítulo XIV, item 9, afirma:

> *(...) compreendei que, quando produzis um corpo, a alma que nele se encarna vem do espaço para progredir; sabei vossos deveres e colocai todo o vosso amor em aproximar essa alma de Deus; é a missão que vos está confiada e da qual recebereis a recompensa, se a cumprirdes fielmente. Vossos cuidados, a educação que lhe derdes, ajudarão seu aperfeiçoamento e seu bem-estar futuro. (...)*

– Trata-se, pois, de tarefa muito expressiva! Interessante porque cada filho vai desenvolver sua própria vida, seguir seus próprios caminhos, apesar dos laços afetivos com os pais e com os irmãos. Poderíamos analisar, pois, o programa de cada um, mas nosso propósito aqui é com o projeto específico de nosso João.

– Dona Lúcia, a senhora se candidata a ser mãe dos quatro filhos, esposa de João. Todavia, temos um Espírito que, para resgatar a paz de consciência, nascerá na orfandade. A senhora e João aceitam adotá-lo?

– Sim, será uma experiência muito salutar.

– Apresente-se, pois, o Espírito que nascerá, ficará órfão de pai e mãe e será adotado pela família.

Novo candidato juntou-se ao já extenso grupo e novas explicações do expositor.

– Vejam os amigos que estamos planejando, inclusive, uma adoção para a família de João, constando de seu projeto reencarnatório. Quando encarnado, o casal poderá aceitar ou recusar ter filhos, inclusive na quantidade. Quanto ao compromisso da adoção, a mesma aceitação ou recusa também poderá ocorrer. Raciocinemos sobre os casos de aborto provocado, sobre uma possível separação do casal antes de qualquer dos filhos. Haverá aí uma reorganização do plano anteriormente traçado. O mesmo raciocínio pode ser aplicado aos pais de João, que poderiam não desejar ter filhos, depois de encarnados. Ou nem terem se casado. Ou, durante a gestação de João, a infeliz ideia do aborto. Ou, se tiverem tido João, terem recusado outros filhos... As possibilidades de ocorrências são inúmeras, sempre a depender do livre-arbítrio dos envolvidos. Deus respeita nossas decisões, mas sempre arcaremos com as responsabilidades e consequências devidas. É desse relativo poder de decisão, de nossa liberdade de agir ou não agir, em confronto com planos elaborados anteriormente, que se verifica o aprendizado. Depois do retorno, verificamos erros e acertos para programar novas experiências que visem corrigir a nossos equívocos.

Nesse ponto, projetou transparência elucidativa de comentário de Allan Kardec à questão 266 de *O Livro dos Espíritos*:

266 – Comentário de Allan Kardec, em transcrição parcial.

A doutrina da liberdade na escolha de nossas

existências e das provas que devemos suportar deixa de parecer extraordinária se se considerar que os Espíritos, desprendidos da matéria, apreciam as coisas de maneira diferente da nossa; entreveem o fim, bem mais sério para eles que os prazeres fugidios do mundo. Depois de cada existência, avaliam o passo que deram e compreendem o que lhes falta ainda, em pureza, para alcançarem aquele fim. Eis porque eles se submetem voluntariamente a todas as vicissitudes da vida corporal, pedindo, eles mesmos, as provas que lhes permitam chegar mais prontamente. (...) Essa vida, isenta de amargura, não pode gozá-la em seu estado de imperfeição; ele a entrevê e é para alcançá-la que procura se melhorar. (...) Se pois, nesta vida escolhemos as provas mais rudes para alcançarmos um objetivo mais elevado, por que o Espírito, que vê mais longe que o corpo e para o qual a vida do corpo não é mais que um incidente fugidio, não escolheria uma existência penosa e laboriosa, se ela deve conduzi-lo a uma felicidade eterna? (...) Todos os Espíritos dizem que, no estado errante, buscam, estudam, observam para fazerem sua escolha.

– Um comentário importante deve ser adicionado aqui, completou o expositor: o casal planejou a adoção de um único filho. Poderão recusar a adoção, depois que estiverem encarnados, como também poderão extrapolar o previsto e adotar mais crianças. Não vejamos as coisas somente pelo lado da não realização, mas também pelo lado da superação de expectativas. Pois somos donos de nossas ações e iniciativas. Embora não previsto, o casal poderia ter ido além do programado, como já comentado.

VII – CRENÇA

– João, e a religião? Pretende caminhar pelo Espiritismo novamente ou gostaria de conhecer outras crenças?

– Eu gostaria de continuar nas fileiras espíritas. Penso que tenho muito que aprender ainda. O Espiritismo já me ensinou muito e pretendo continuar estudando...

– Por favor, apresente-se, então, o presidente do Centro Espírita que João vai frequentar.

Nova movimentação na plateia, novos argumentos explicativos do expositor, e um senhor apresentou-se.

– O senhor terá imensa responsabilidade no projeto reencarnatório de João. Quando os pais o levarem, pequenino, no Centro Espírita, o senhor estará na presidência. Ficará sob sua responsabilidade a transmissão dos ensinos espíritas à criança, orientá-la depois na mocidade e mesmo na idade madura, especialmente quando a mediunidade despontar... E, além do mais, sua responsabilidade não se restringe ao João. Toda a programação doutrinária da casa estará sob sua responsabilidade.

E dirigindo-se a João:

– Sim, João, você levará consigo o compromisso da psicografia... Aliás, por falar nisso, apresente-se o amigo espiritual de João, que vai orientá-lo na mediunidade e mesmo transmitir seus ensinos pela psicografia.

Além do futuro presidente do Centro, apresentou-se então o amigo espiritual, somando-se mais duas pessoas ao numeroso grupo à frente do salão.

– João, na prática espírita e na psicografia, você terá excelente oportunidade de trabalho em favor do semelhante. Todas as chances de crescimento espiritual lhe serão oferecidas através do conhecimento espírita. Dependerá de você utilizá-las ou desprezá-las. Aliás, como ocorre na maioria das instituições espíritas, sempre há trabalho disponível para os servidores de boa vontade. Estamos programando aqui a reencarnação de João, envolvido com muitos outros Espíritos que o acompanharão na futura existência. Cada qual tem seu próprio programa e as decisões de cada um influenciam os outros mutuamente. Se acaso João tivesse optado por conhecer outra crença, teríamos aqui o representante da outra crença, sacerdote, pastor, líder, mas as situações, independentemente de crença, sempre estão em nosso caminho, convidando-nos ao crescimento e ao progresso. Vale lembrar que todas as crenças são respeitáveis.

838 – Toda crença é respeitável, mesmo que seja notoriamente falsa?

– *Toda crença é respeitável quando é sincera e conduz à prática do bem. As crenças repreensíveis são as que conduzem ao mal.*

VIII – MUDANÇAS

– É sempre muito grande o número de pessoas com

quem nos relacionamos durante a vida. Umas permanecem, outras se afastam, outras chegam. Algumas convivências são de curto tempo, outras mais longas, outras ocasionais ou de meras formalidades. Alguns exemplos podem ser citados e que se enquadram em tais situações: o vizinho, o motorista do táxi ou ônibus, o médico, o dentista, o carteiro. Podemos citar também os genros, cunhados, noras, netos, amigos, colegas de profissão, conhecidos da cidade, pessoas com quem partilhamos ideais, etc. Há uma infinidade de pessoas com quem nos encontramos sempre ou ocasionalmente, pessoas que nos influenciam e que influenciamos. Pessoas que chegam, passam ou permanecem... Objetivo dessa dinâmica é mostrar, embora de maneira superficial, o grande número de vidas envolvidas com um projeto reencarnatório, embora os personagens aqui representados estejam em pequeno número. Todavia, a visualização do grupo de pessoas permite ampliar o raciocínio para buscarmos todas as pessoas que conhecemos e o grau de influência que vão exercer em nossa vida. Volto a repetir que cada qual tem seu projeto próprio e que as decisões de cada um atingem uns e outros mutuamente. Claro que seria impossível, numa abordagem como esta, tentar simular todos os quadros da vida humana. Daí a informação de ser uma simulação superficial, cujo objetivo é apenas transmitir a ideia do entrelaçamento que há entre as vidas. Na verdade, nossas vidas estão muito ligadas entre si, daí a afirmação de que precisamos muito uns dos outros.

O expositor explicava para uma plateia atenta, que permanecia na expectativa da sequência da dinâmica.

– Mas, meu caro João. O tempo passou e trouxe

mudanças. Seus pais desencarnaram, seus irmãos seguiram a própria vida. O professor, o reitor, o provedor do hospital também cumpriram sua função junto a você e seguiram suas vidas. Seus filhos tomaram rumos diferentes: foram estudar no exterior, casaram-se, construíram a própria vida. Sua esposa desencarnou primeiro que você, o que também ocorreu com o já idoso presidente da instituição que você frequentou durante todos esses anos.

Para cada situação acima citada, o expositor ia dispensando a presença do voluntário, que voltava a ocupar seu lugar na plateia.

Em poucos minutos, estavam à frente do salão somente João, o expositor e o que aceitou representar a função do amigo espiritual.

– Agora, você está bastante idoso, prestes a retornar ao mundo espiritual. Toda a sua família está distante, e você está sozinho. Permanece com você apenas seu amigo espiritual. Você teve uma existência vitoriosa. Cumpriu seu planejamento quase na íntegra, foi um bom médico, bom pai de família, exemplar cidadão, esforçado espírita, bom marido. Pode-se dizer que você retorna à vida espiritual com muitos créditos, e veja que quem o recebe são os muitos amigos que conquistou... E seu amigo espiritual o conduzirá. Antes, porém, uma pergunta: durante essa profícua existência, em que você muito trabalhou em favor de si mesmo e do próximo, das experiências de médico, cidadão, pai, marido, espírita, o que é que traz de volta na sua chegada ao mundo espiritual?

João demorou a responder, pensou, e foi feliz na resposta:

– Ah! Estou trazendo muita experiência de vida!

– Parabéns! Pode desencarnar, meu amigo. Realmente, a finalidade da reencarnação é promover nosso progresso intelecto-moral. É na convivência com outras vidas, em diferentes circunstâncias, que aprendemos a viver e a nos aprimorar. O caráter de justiça da reencarnação (somos o que fizemos de nós mesmos ao longo das múltiplas existências) explica as diferenças e os extremos humanos, situando-nos a necessidade do esforço próprio para construir os méritos da felicidade a que estamos todos destinados. Muito obrigado, senhores – afirmou o expositor, e deu por encerrada a palestra, agradecendo a atenção de todos e a participação dos voluntários.

※※※

A simulação, embora superficial, permite visualizar como se opera um planejamento reencarnatório. É preciso que se diga tratar-se de algo muito superficial, mesmo porque, para atender ao objetivo didático a que se propõe, não permite aprofundar a questão.

Considere-se ainda que, a depender do candidato que se apresenta como voluntário para protagonizar a dinâmica, os resultados são diferentes. Vai depender muito do dinamismo do voluntário e também da condução do coordenador.

A dinâmica, repetimos, embora superficial, proporciona grande aprendizado no campo das reflexões, porque inesgotáveis situações podem ser obtidas dos relacionamentos entre os integrantes da dinâmica que ali representam pais e filhos, irmãos, esposas e maridos, professores, patrões, etc.

Se aplicada em seminários, pode ser expandida, inclusive, às questões de causa e efeito. Mortes prematuras, decisões, livre-arbítrio, casamento, profissão, filhos, épocas, cidades e países, religião e muitos outros assuntos podem ser utilizados, desde que bem coordenados e planejados com o conhecimento que a Doutrina Espírita proporciona.

Basta organizar e usar. O público diverte-se, mas, muito mais que isso, reflexiona muito sobre essa extraordinária e fantástica lei que é a reencarnação, que nos permite agir, mas nos devolve o que fizemos.

Há uma linha mestra no planejamento ou projeto reencarnatório e temos, até certo ponto, liberdade de alterar, por meio do livre-arbítrio, o que nos proporciona intensos aprendizados.

A ligação com outros seres não é mera casualidade. Estamos muito ligados uns aos outros, mais do que imaginamos. Por isso, precisamos muito uns dos outros. Há uma solidariedade intensa e permanente entre todos nós, os filhos de Deus, que estamos reencarnados para evoluir, para aprender...

Sugiro aos leitores que pesquisem no portal http://br.youtube.com , pesquisando pela expressão **Pássaros (voe alto)**. Ao assistir ao clip, compare com a vida humana, suas lutas e desafios, bem como a necessidade de contínuos esforços para se alcançarem os objetivos a que se propõem os filhos de Deus reencarnados no Planeta, condição em que todos estamos.

Ao final, poderemos concluir juntos:

Voar é viver!
E viver é aprender!
Aprender continuamente!
Não há outro caminho!

Pois somente o aprendizado nos fará melhores, mais sábios e mais experientes!

Por isso, meu amigo, minha amiga, nada de abatimentos ou desânimos!

O lema é levantar a cabeça e prosseguir, prosseguir, prosseguir!

Prosseguir no aprendizado, na conquista de novos valores...

Nas lutas que nos libertam da ignorância e nos fazem alcançar o mérito da felicidade e da liberdade que nos aguarda...

✳ ✳ ✳

Sugiro também que conheçam o romance *Questionamentos Interiores – Um convite à superação*, do amigo Rodinei Moura, que trata exatamente de planejamento reencarnatório. Um grupo de amigos planeja uma viagem para comemorar a formatura no curso superior. O avião sofre acidente, fatal para todos os passageiros, e isso ocorre já no primeiro capítulo da obra, quando programam a próxima existência. Nos capítulos seguintes, podemos acompanhar as lutas e os desafios na existência dos personagens, que se reencontram no último capítulo para avaliação das próprias experiências. Um bom livro para refletir sobre a temática.

Fechamos o livro, deixando para reflexão algumas frases associadas ao tema central do presente trabalho e um pequeno roteiro para bem utilizarmos a presente experiência carnal:

a) Renasceste, na Terra, para elaborar a felicidade própria e intransferível (do livro *Dimensões da Verdade*, pelo Espírito Joanna de Angelis, psicografia de Divaldo Franco);

b) A reencarnação, por impositivo da Lei, aproxima de ti queridos afetos de ontem, adversários do pretérito que te buscam para receber ou para exigir, envergando trajes diferentes e estranhos sobre Espíritos conhecidos (do livro *Dimensões da Verdade*, pelo Espírito Joanna de Angelis, psicografia de Divaldo Franco);

c) Essa dificuldade de aceitação da reencarnação por parte da ciência oficial não diminui a importância desse ponto fundamental do Espiritismo, no campo das reflexões filosóficas, pois, sem ele, não teríamos como compreender a justiça e o amor de Deus para com suas criaturas (do livro *Ante o Vigor do Espiritismo*, de J. Raul Teixeira, capítulo 10, em pergunta sobre o tema).

d) A reencarnação (...) para o Espiritismo não é a volta do Espírito ao mesmo corpo já falecido, mas em um novo corpo, o que faz com que entendamos que cada

criança que nasce é um velho caminhante da evolução, utilizando-se de um novo corpo concedido pelas leis de Deus, como um lavrador que, diante de sua ferramenta imprestável para o trabalho, busca outra nova, sem deixar de ser o mesmo lavrador. (do livro *Ante o Vigor do Espiritismo*, de J. Raul Teixeira, capítulo 10, em pergunta sobre o tema).

Para bem utilizarmos a presente experiência carnal:

1 – Coragem e iniciativa

2 – Comprometimentos com o bem geral

3 – Interesse e ação contínua em estudar e aprender

4 – Desistência da inércia, de mágoas e ressentimentos

5 – Determinação e perseverança

6 – Fé operante

7 – Respeito às crenças e experiências alheias

8 – Uso da empatia

9 – Valorização da vida

10 – Trabalho e disciplina

BIBLIOGRAFIAS:

IDE EDITORA:

- O Céu e o Inferno, *Allan Kardec*
- O Evangelho Segundo o Espiritismo, *Allan Kardec*
- O Livro dos Espíritos, *Allan Kardec*
- O Livro dos Médiuns, *Allan Kardec*
- Obras Póstumas, *Allan Kardec*
- Revista Espírita, *Allan Kardec*

OUTRAS EDITORAS:

- A reencarnação, *Gabriel Delanne*, FEB
- Ante o Vigor do Espiritismo, *J. Raul Teixeira/Diversos Espíritos*, FRÁTER
- Atualidade do Pensamento Espírita, *Divaldo P. Franco/Vianna de Carvalho*, LEAL
- Cristianismo, a Mensagem Esquecida, *Hermínio Miranda*, CLARIM
- Dimensões da Verdade, *Divaldo P. Franco/Joanna de Ângelis*, LEAL
- Espiritismo Básico, *Pedro Franco Barbosa*, FEB
- Eustáquio – Quinze séculos de uma trajetória, *Abel Glaser/Cairbar Schutel*, CLARIM
- Evolução em Dois Mundos, *Francisco C. Xavier/André Luiz*, FEB
- Lampadário Espírita, *Divaldo Pereira Franco/Joanna de Ângelis*, FEB
- Lições da História Humana, *Wellington Balbo*, Mythos Books
- Missionários da Luz, *Francisco C. Xavier/André Luiz*, FEB
- O Consolador, *Francisco C. Xavier/Emmanuel*, FEB
- Parábolas e Ensinos de Jesus, *Cairbar Schutel*, CLARIM
- Reencarnação no Brasil, *Hernani Guimarães Andrade*, CLARIM

No ano de 1963, Francisco Cândido Xavier ofereceu, a um grupo de voluntários, o entusiasmo e a tarefa de fundarem um Anuário Espírita. Nascia, então, o Instituto de Difusão Espírita - IDE, cujo nome e sigla foram também sugeridos por ele.

A partir daí, muitos títulos foram sendo editados, e o Instituto de Difusão Espírita, entidade assistencial sem fins lucrativos, mantém-se fiel à sua finalidade de divulgar a Doutrina Espírita através da IDE Editora, tendo como foco principal as Obras Básicas da Codificação, sempre a preços populares, além dos seus mais de 300 títulos, muitos psicografados por Chico Xavier.

O Instituto de Difusão Espírita conta também com outras frentes de trabalho, voltadas à assistência e promoção social, como albergue noturno, acolhimento de migrantes, itinerantes, pessoas em situação de rua, assistência à saúde e auxílio com cestas básicas, para as famílias em situação de vulnerabilidade social, além dos trabalhos de evangelização infantil, mocidade espírita, artes (teatro, música, dança, artes plásticas e literatura), cursos doutrinários e passes.

Este e outros livros da *IDE Editora* subsidiam a manutenção do baixíssimo preço das *Obras Básicas, de Allan Kardec*, mais notadamente, *"O Evangelho Segundo o Espiritismo"*, edição econômica.

Outras obras de
ORSON PETER CARRARA

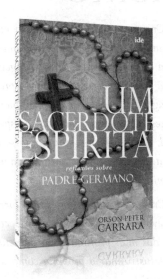

UM SACERDOTE ESPÍRITA
reflexões sobre **Padre Germano**

Ele questionava e sabia diferenciar o que realmente era importante e grandioso. E não teve medo. Enfrentou sua época, tanto para salvar vidas como para ensinar e exemplificar, com o suor de seu trabalho e com sua profunda mediunidade, em um tempo em que nem se sabia o que de fato isso significava, o "amai-vos uns aos outros como eu vos amei".

ISBN: 978-85-7341-695-4 | Estudo
Páginas: 354 | Formato: 14 x 21 cm

MORTE
FIM OU PASSAGEM?

A morte é a única e real certeza que cada um possui, o que nos iguala como seres humanos, independentemente das condições materiais, pois todos nós, sem exceção, passaremos por isso. Somos a única espécie que não desconhece a existência desse momento, o que nos ocasiona constantes questionamentos, que ecoam em nosso modo de viver. A MORTE SERIA O FIM DE TUDO? SE A VIDA CONTINUA, PARA ONDE VAMOS? O QUE ACONTECE NO MOMENTO DERRADEIRO? O QUE ACONTECE NO MOMENTO SEGUINTE? QUEM IRÁ NOS RECEBER? ENTÃO, POR QUE MORREMOS?

ISBN: 978-85-7341-708-1 | Estudo
Páginas: 224 | Formato: 14 x 21 cm

Fundamentos do Espiritismo

1º Crê na existência de um único Deus, força criadora de todo o Universo, perfeita, justa, bondosa e misericordiosa, que deseja a felicidade a todas as Suas criaturas.

2º Crê na imortalidade do Espírito.

3º Crê na reencarnação como forma de o Espírito se aperfeiçoar, numa demonstração da justiça e da misericórdia de Deus, sempre oferecendo novas chances de Seus filhos evoluírem.

4º Crê que cada um de nós possui o livre-arbítrio de seus atos, sujeitando-se às leis de causa e efeito.

5º Crê que cada criatura possui o seu grau de evolução de acordo com o seu aprendizado moral diante das diversas oportunidades. E que ninguém deixará de evoluir em direção à felicidade, num tempo proporcional ao seu esforço e à sua vontade.

6º Crê na existência de infinitos mundos habitados, cada um em sintonia com os diversos graus de progresso moral do Espírito, condição essencial para que neles vivam, sempre em constante evolução.

7º Crê que a vida espiritual é a vida plena do Espírito: ela é eterna, sendo a vida corpórea transitória e passageira, para nosso aperfeiçoamento e aprendizagem. Acredita no relacionamento destes dois planos, material e espiritual, e, dessa forma, aprofunda-se na comunicação entre eles, através da mediunidade.

8º Crê na caridade como única forma de evoluir e ser feliz, de acordo com um dos mais profundos ensinamentos de Jesus: "Amar o próximo como a si mesmo".

9º Crê que o espírita tenha de ser, acima de tudo, Cristão, divulgando o Evangelho de Jesus, através do silencioso exemplo pessoal.

10º O Espiritismo é uma Ciência, posto que a utiliza para comprovar o que ensina; é uma Filosofia porque nada impõe, permitindo que os homens analisem e raciocinem, e, principalmente, é uma Religião porque crê em Deus, e em Jesus como caminho seguro para a evolução e transformação moral.

Para conhecer mais sobre a Doutrina Espírita, leia as Obras Básicas, de Allan Kardec: O Livro dos Espíritos, O Evangelho Segundo o Espiritismo, O Livro dos Médiuns, O Céu e o Inferno e A Gênese.

ide ideeditora.com.br

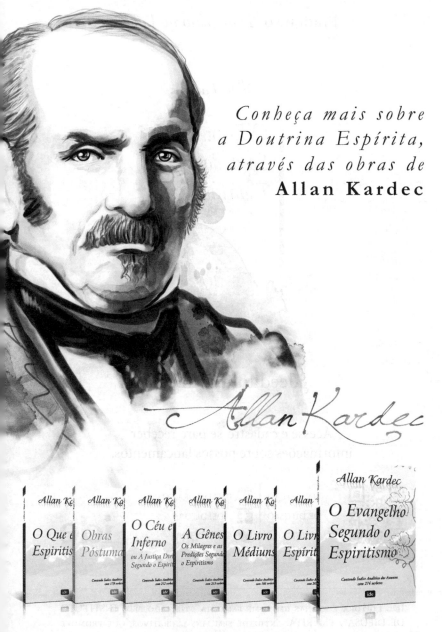

Pratique o *"Evangelho no Lar"*

ideeditora.com.br

Acesse e cadastre-se para receber
informações sobre nossos lançamentos.

 INSTITUTO DE DIFUSÃO ESPÍRITA

IDE Editora é apenas um nome fantasia utilizado pelo INSTITUTO DE DIFUSÃO ESPÍRITA, entidade sem fins lucrativos, que promove extenso programa de assistência social, e que detém os direitos autorais desta obra.